U0695265

名师名校名校长

凝聚名师共识
回应名师关怀
打造名师品牌
培育名师群体

程明遠题

山水清音
何澹澹

林苒名师工作室德育共建研究实践

蔡广丽　欧芸　黄淑灵 / 编著

中国出版集团　现代出版社

图书在版编目（CIP）数据

山水清音何澹澹：林苒名师工作室德育共建研究实
践 / 蔡广丽，欧芸，黄淑灵编著. — 北京：现代出版
社，2022.4

ISBN 978-7-5143-9864-9

Ⅰ.①山… Ⅱ.①蔡… ②欧… ③黄… Ⅲ.①德育—
教学研究—小学 Ⅳ.①G621

中国版本图书馆CIP数据核字（2022）第047225号

山水清音何澹澹：林苒名师工作室德育共建研究实践

作　　者　蔡广丽　欧　芸　黄淑灵
责任编辑　张　璐
出版发行　现代出版社
地　　址　北京市安定门外安华里504号
邮政编码　100011
电　　话　010-64267325　64245264
网　　址　www.1980xd.com
印　　制　北京政采印刷服务有限公司
开　　本　710mm×1000mm　1/16
印　　张　10.75
字　　数　172千字
版　　次　2022年4月第1版　　2022年4月第1次印刷
书　　号　ISBN 978-7-5143-9864-9
定　　价　58.00元

版权所有，翻印必究；未经许可，不得转载

目　录

第一章　千春诉山长

第二章　细水微沉吟

第三章　清音由心生

第一章

千春诉山长

"我笔画我心"

——一例小学四年级ADHD学生的个案辅导

深圳市宝安区灵芝小学　惠　曦

一、案例基本情况

小睿，男，10岁，小学四年级学生，6岁时在深圳市儿童医院被诊断为"注意缺陷多动障碍、对立违抗性障碍、密集文字阅读障碍"。2019年7月14日开始，小睿在深圳博思家庭干预机构进行注意力训练，家长先去机构上课学习训练方案，之后每天自己在家训练，每天大概训练40分钟。由于小睿在训练时对抗情绪比较严重，2020年1月开始暂停训练。2020年6月24日，小睿到深圳市儿童医院复诊，医生建议加大药量，开始服用盐酸托莫西汀胶囊。

班主任及科任老师对小睿的描述是：危险意识薄弱，需要经常提醒加强；情绪失控严重时，会做出过激行为，出现过扔东西砸人、对同学吐口水、扇耳光、掐同伴脖子、高空抛物、砸公物发泄等危险行为。小睿跟同伴"玩耍"时，经常带有攻击性，但他却说"我只是跟他玩玩"。小睿家庭教育存在一定的问题，三年级以前，爸爸多用暴力方式解决小睿不听话的问题，常常下手很重，小睿在家一旦被打，到校后会持续几天出现辱骂、攻击其他同学的行为。班主任跟家长反复沟通后，从三年级开始，家庭暴力有所减少。

学校德育处及心理辅导室持续跟踪期间，发现小睿在画画时的表现与日常不同，跟美术老师沟通后发现他在美术课上的表现相对"正常"，于是班主任联合学校美术课组，在小睿遵医嘱返校随班就读期间，为他制订了个性化绘画心理辅导方案。

二、案例辅导过程

（一）第一次辅导

绘画心理辅导的开始阶段是与来访者建立良好关系，由于小睿不是主动来访，而是因为与同学频频发生冲突而被班主任"送"过来的，因此需要先跟他话家常，增强熟悉感，以此缓解他的焦虑情绪。"小睿你好，我们来玩一个画画的游戏好吗？你可以挑选喜欢的彩色笔，在纸上画出你想画的东西，请将你突然想到的或正在想的事情画出来。"接下来，教师进一步引导小睿探索情感、想法和行为。在绘画活动结束后，教师用指导语鼓励小睿阐释自己的作品，并与他展开对话。比如，房子有几层？它是木房、砖房还是其他？它是你自己家的房子吗？在画的时候你想到了谁的房子？

【备注】本次咨询的主要目的是收集信息，掌握来访者的资料，综合来访者科任老师反馈的情况以及上述和来访者本人的谈话内容可以初步推测，进入四年级之后学业压力增加了，来访者明显感觉到学习非常困难，医院的诊断也显示其有书写障碍，对学习的自信心不足，有畏难和厌学情绪。

（二）第二次到第四次咨询

这三次咨询，来访者依然是在班主任的推荐下前来的，不过在第三次咨询中，来访者主动提出"老师我想画画"的要求。结合他的作品，教师进行了初步的分析。

基于以上分析，教师确定了采用代币制来对小睿进行干预的方案，具体做法如下。

1. 学生自述

（1）作画次序：先画树，接着画一座大大的城堡、两个小人儿，还有小鸟、飞机和白云。

（2）故事情节：周末，妈妈带孩子到公园玩，那里有个大城堡，城堡里有水上滑梯、旋转木马、隧道，还有很多门，可以坐缆车游览，玩累了可以靠在大树下休息。

2. 绘画心理分析

（1）来访者先画大树，而且树干粗壮高大，树冠硕大，呈圆弧形，线条中的直线、曲线分明，连贯性强，说明他感觉自我能量很足，而且是向上的方向，说明他智力发育尚可。树上没有果实，说明他做事目标性较模糊，有待培养。

（2）城堡是整个画面中最显眼的部分，占据了一半空间，而且特别高。城门虽然多却矮小，而且都是关闭的状态，体现出他的安全感不足，不愿主动和别人交流自己的想法。但是每扇门上都有门把手，说明他更希望别人主动理解并接受他。城头凹凸不平的垛口则体现了他的攻击性和防卫意识。

（3）人物的结构比较完整，头发、手脚、眉毛都画了出来，体现出他良好的智力发育、健康的心态以及良好的性别意识。没画耳朵说明他平时不太听取别人的建议和要求，没画手指可能与他做事的行动力不足有关。人物的左臂短而粗，右臂细而长，说明他的个性发展有不平衡的情况。

（4）从妈妈和孩子的位置及距离来看，一方面说明他有依赖性；另一方面说明妈妈对孩子关注不够，一般妈妈应该在孩子后边。

三、案例辅导分析与反思

艺术治疗又称艺术疗法，是心理治疗的一种。一般的心理治疗多以语言为沟通、治疗的媒介，而艺术治疗特色最为鲜明，主要是以提供艺术素材、活动经验等作为治疗的方式。以语言为媒介实施现代心理治疗并不能解决一切心理问题，在处理以情绪困扰为主要症状的心理问题时显得无能为力。对于多动症儿童、自闭症儿童来说，艺术治疗所要改善的是多动、自闭导致的情绪障碍、问题行为及表达能力不佳等问题，而非针对"多动""自闭"的症状进行治疗，其行为的改善只是艺术治疗的附加成果。通过稳定情绪等，间接改善不适宜行为，是绘画心理辅导的重点。

绘画心理辅导是艺术治疗的一种重要形式，绘画作为情感表达的工具，能够反映出人们内在的、潜意识层面的信息，是将潜意识内容视觉化的过程。绘画心理辅导不受来访者语言、年龄、认知能力及绘画技巧的限制，辅导不受地点和环境的限制，并且可以灵活采取单独或集体进行的方式，使来访者通过正当的方式安全地释放毁灭性能量，使焦虑情绪得到缓解，心灵得到升华，来访者也不会感觉被攻击，阻抗较小，容易接受，有利于真实信息的收集。

绘画心理辅导需要注意的问题包括：①与学生建立互信关系至关重要。任何一种心理辅导方式，都要求教师与学生建立信任关系，绘画心理辅导也不例外。不少辅导教师很容易忽视这一点，如果在没有被学生信任的情况下用绘画心理辅导法，其分析和诊断的结果就很容易出错，因为学生可能会故意隐藏内心的真实想法。②仅凭一幅绘画作品诊断学生的心理是不可靠的。只有将学生的作品与对学生的了解，或者将对多幅作品加以比较研究之后，才有可能真正理解学生内心的想法。③在分析绘画作品时要注意整体分析与局部分析的结合。在学生绘画作品中出现的一些细节，有时是某个年龄阶段的绘画特征，或者某种文化背景因素造成的，仅仅据此得出评价结论很可能出现失误。因此在关注细节的同时，要关注绘画作品的整体风格，强调学生对绘画内容、主题的定义与讲述的重要性。④注意将绘画心理辅导与其他心理辅导方法相结合。⑤注意唤醒学生内在的积极情感体验，依靠学生的内在力量重塑学生的健康心理。⑥教师在引导学生对作品进行解释时，应强调"是什么"和"怎么样"，而不是"为什么"，因为学生往往并不清楚自己行为背后的原因，这需要辅导教师根据学生的作品和解释进行诊断。过多追问"为什么"，很容易引发学生的抵触心理。

涵养情绪　自多裨益

深圳市宝安区灵芝小学　蔡广丽

《中庸》首章："喜怒哀乐之未发，谓之中；发而皆中节，谓之和。中也者，天下之大本也；和也者，天下之达道也。"这告诉我们符合常理、有节度的表达非常重要。要做到有节度地表达情绪，就要从小涵养情绪，让正面情绪常相伴，让负面情绪快消离。

小学生是天真烂漫的，可能前一秒哭下一秒又会笑，这是孩子的天性。但从进入小学开始，一个更广阔的天地就在等待着他们，有更多的人和事、更多的知识，也会有更多的问题和烦恼，这就需要我们更细心、更多地去注意他们的情绪变化。我们可从以下几个方面让学生涵养情绪，相信他们会更阳光、更积极。

一、活动强化积极情绪

人生活在群体中，情绪是群体中人际沟通的重要手段，群体活动也对强化积极情绪起着重要作用。

孩子们进入学校后，会有班会、运动会、唱歌比赛、各个节日的活动、篮球队、吉他队、健美操队……他们在这样的群体活动中，既增强了自信、锻炼了意志力，又增加了凝聚力。

在家里，亲子小游戏、小伙伴间的小游戏，都可以很好地强化孩子们的积极情绪。在我们班，家长们确定了一个遛娃时间，固定在周五晚，他们相聚在小区楼下，孩子们一起玩滑板、一起捉迷藏，甚至还一起挨层去搜索我住在哪儿，虽然他们并没有找到，但那种兴奋的表情让我觉得他们心里充满了快乐。我非常喜欢我们的"遛娃帮"。

二、环境沾润好情绪

素雅整洁的房间、旋律优美的乐曲、风光秀丽的景色，都会沾润人的好情绪。舒适的环境令人恬静，让人能静下心学习，反之，脏乱差的环境则令人抑郁、暴躁。学校非常重视班级文化建设就是这个原因，希望给孩子们一个明亮、舒适的学习环境。在家里，各位家长也不妨抽出时间，和孩子一起清理、布置一下房间，给孩子一个宁静舒适的环境。在这样的环境中，孩子自然会多一些愉悦，少一些烦躁。

三、阅读涵养情绪

"书中自有黄金屋，书中自有颜如玉。"阅读的最大作用就是涵养情绪。

书中的故事教给我们智慧。我们在《三国演义》里读到周瑜因度量狭小被诸葛亮气死，了解了极端的情绪对人会有伤害；在《小布头奇遇记》里学到遇到困难要乐观面对并努力克服；在《一千零一夜》里读到机智、勇敢、善良……还有各种各样的绘本故事，带给我们各种各样的智慧。

古诗凝结了古人的智慧，同样可以唤醒人的不同情绪体验并滋养情绪。读《游子吟》体会到感恩的情绪；读《登鹳雀楼》体会到人生的目标感和努力追求的情绪；读《赋得古原草离别》体会到顽强的生命力和生生不息的力量……

不只是故事、古诗，各种各样有益身心的书，都能为孩子们打下丰厚的精神底子。多读书，读好书，便能涵养孩子们的情绪，让孩子们更有目标、更有追求，更加积极、阳光、向上。

多活动、安环境、常阅读，涵养熏陶，对孩子的情绪自多裨益。

小豆包，让我慢慢走近你

深圳市宝安区灵芝小学　陈　敏

　　我们班有51个可爱又淘气的小豆包，每天上演着一幕又一幕不同的故事。作为班主任的我，用心倾听每一朵花开的声音，用笔记录着一个个啼笑皆非的故事。

一、霖霖的想法

　　放学时，霖霖见到子淇妹妹，很热情地跟她打招呼。我微笑着说："你这么喜欢妹妹，叫你妈妈给你生个妹妹吧！"

　　霖霖不假思索地说："不好！"

　　我很惊讶："你更喜欢弟弟？妹妹不好吗？"

　　"我想要弟弟，如果是妹妹，她将来也要生孩子，那她多痛苦呀！"霖霖很肯定地回答，接着露出了痛苦的神情。

　　"谁告诉你生孩子是很痛苦的？是妈妈吗？"

　　"我之前看过一本书，野兔妈妈生了几只小野兔，她屁股那里开了一个很大的洞，好痛苦哦！我想人也是一样的。"

　　"嗯，生孩子是有点痛，不过也很幸福。你看，妈妈生你时虽然痛，但拥有你这么懂事的孩子，多开心呀！"

　　之前霖霖爸爸说，在幼儿园时，班上的女生都叫霖霖暖男。我以为是因为他脾气好，会让着女生，真没想到，他有如此细腻而丰富的情感。难怪冰心说："世界上没有一朵鲜花不美丽，没有一个孩子不可爱。因为每一个孩子都有一个丰富美好的内心世界，这是学生的潜能。"

二、关于别离

放寒假的前一天，孩子们开开心心地参加散学典礼。散学典礼结束后，机灵鬼俊皓问："下节课是什么课？"小豆包们都哈哈大笑起来。我也笑了，想到一学期以来，小豆包们的点点滴滴，内心涌现出不舍。小番茄在我面前蹦蹦跳跳，我问："小番茄，如果我想你了，该怎么办？"她眨眨眼睛说："那你就吃番茄炒鸡蛋。"后来，我问巴图，他淡定地回答："你就找我吧！"姿萱值完日，不肯走，拉着我的手说："放假了就见不到陈老师了。陈老师，开学了，你还会记得我们的名字吗？"

每一个小豆包，面对分别，都有不同的表现，因为每个人本来就是独一无二的。

三、棉花糖二三事

棉花糖是Miss张给小胖取的"昵称"，Miss张可是很喜欢小胖的，看他长得白白胖胖，走起路来屁股一扭一扭的，又喜欢黏人，就叫他"棉花糖"。第一学期，小胖经常闹情绪，可能是因为对家长的依恋，对新环境的不适应。

有一次，快上英语课了，小胖因为不高兴，不肯进教室，Miss张哄了他半天也没用，他选择趴在窗户外面。平时，他闹情绪时，谁哄都没用，非得我亲自出马，他才肯进教室，但那次刚好我有事不在。Miss张心疼他，于是一边上课，一边想办法。Miss张特意提了一个简单的问题，趴在窗外的小胖举手了。Miss张表扬了他，奖励了他一朵小红花。小胖扭着小屁股来领红花，随后就顺理成章地坐回了座位。

这学期开学三周了，小胖的表现还是不错的，没有闹情绪不肯进教室，但依旧喜欢黏人、喜欢撒娇。快下课了，小胖看到同学们都交作业了，自己还没写完，于是跑到我面前皱着眉头，使劲甩手说："陈老师，我的手都酸了。"我摸了摸他的头说："乖，写完了奖你一颗糖。"小胖扭着屁股认认真真写作业去了，没过多久就把作业交了上来。钰洋那天送给我的一颗糖就成了小胖的奖品。

有一次，小胖忘记带跳绳了，大课间结束后，别人忙于收绳，他就大声讲话。于是，我请他到旁边安静一会儿。结果，同学们都排队回教室了，他却不肯进来。同学们都出来排队回家了，他还是不肯进来，结果，他站在那里尿裤子了。我问他："你为什么不去洗手间呀？"他嘬着嘴抱怨道："你不让我去呀！""孩子，老师说过，无论什么时候，要去洗手间都要赶快去。再说，老师没让你站在这里不回教室啊！"或许，在他看来，做错了事，就什么都不能说了。当时，我心里很难受，只能给小胖妈妈打电话说明情况，希望她赶快帮小胖换裤子。第二天体育课上，我想着他膝盖上有伤，就下去提醒他不要剧烈运动，拉着他的手说："孩子，下次有什么事情，一定要说哦！"小胖高高兴兴地排队上体育课去了。

很多时候，像小胖这样的小朋友，并不是真正需要糖果和小红花，他们更希望得到老师的关注和疼爱，他们特别在意老师的每一个眼神、每一句话。著名教育家苏霍姆林斯基有句名言："要像对待荷叶上的露珠一样小心翼翼地保护学生幼小的心灵，晶莹透亮的露珠是美丽可爱的，但却十分脆弱，一不小心，就会滚落破碎，不复存在，学生的心灵，如同脆弱的露珠，需要老师的加倍呵护。"

在一个群体里，个人的存在感是很重要的。班级中有51个小豆包，班主任跟孩子接触的机会很多，自己也说不清给谁的关注多一些，给谁的关注少一些。即使你想公平地对待每一个孩子，你接触孩子的时间也肯定不是相等的。或许，调皮捣蛋的男生跟老师交流的机会更多，或许性格外向、活泼开朗的孩子跟老师相处的时间更多，或许文静、彬彬有礼的孩子得到老师的表扬更多。不经意间，你可能会忽略某些孩子。于是，在每周检查指甲的时候，我会趁机摸摸每一个孩子的小手。他们很乐意伸出小手给我看，即使没有及时修剪指甲的孩子也愿意这样做。有几个小女生还会乖乖地睁着大眼睛看着我，那可爱的眼神，会让我坚定自己的想法与行动。

小豆包们的故事还会不断出现。身为班主任的我，希望能不带感情色彩地如实记录下来，慢慢解读小豆包们的行为密码，走进小豆包们丰富美好的内心世界。

"我们是场外'代表'"实践活动案例

深圳市宝安区灵芝小学　蔡广丽

一、案例主题

本实践活动源于部编版小学道德与法治六年级上册第三单元"我们的国家机构"中第6课"人大代表为人民"第三课时"我们是场外'代表'"。

二、案例意义

美国著名未来学家阿尔温·托夫勒曾经指出："未来的文盲不再是不识字的人，而是没有学会怎样学习的人。"具体到道德与法治课的教育教学实践，我们怎样才能让学生学会学习呢？若想把"知识为本"的教学转变为"核心素养为本"的教学，学习方式的改变就显得至关重要。如何坚持教学做合一，坚持思政小课堂与社会大课堂相结合，传递立德树人的价值引领和思想指导？实践活动的设计和融入课堂会起到事半功倍的作用。

三、案例描述

道德与法治课程标准中说：道德与法治是一门以学生生活为基础、以学生良好品德形成为核心、促进学生社会性发展的综合课程。"人大代表为人民"一课分为三个课时，内容由浅入深，由远及近，层层深入。本课时教学建立在第一、第二课时学生已经初步了解和认识了我国的人民代表大会制度，已经对人大代表具有广泛的代表性、人大代表是依法履职、对人民负责、受人民监督的内容有了一定了解的基础上，能提高学生参与社会活动和协作的能力。

小学六年级学生有了知识的积累，也有了一定的生活经验，他们应该学习在力所能及的范围内积极参与社会公共生活。在"我们是场外'代表'"这一课时，能让学生通过了解人民代表的工作程序，感受到人民代表的责任，树立公民意识和主动参与社会的意识，主动关心国家和社会的发展；引导学生从身边和生活出发观察并发现问题，在力所能及的范围内积极参与社会公共生活、积极参政议政。

（一）教学目标

（1）核心素养。进一步培养学生勇于探究和学会学习的核心素养，增强学生的责任担当和主人翁意识。

（2）情感与态度。引导学生意识到自己作为社会的小主人，应该关心国家和社会的发展，对社会中存在的一些不合理现象要积极思考，敢于提出自己的建议，从小培养主人翁意识和公民意识。

（3）知识与技能。了解公民建言献策、参政议政的内容和方式，善于从身边和生活出发观察并发现问题，在力所能及的范围内积极参与社会公共生活。

（4）过程与方法。课前让学生通过观察、采访、收集资料等活动了解国家大事和身边的民生问题，课上通过体验活动，采取多种方式让学生在了解相关知识的基础上有效开展活动。

（二）实践设计及设计意图

1. 课前探究性实践——我们该如何积极建言、参政议政

提前一周在班级开展活动，让学生观看《新闻联播》《焦点访谈》《第一现场》等节目，查阅www.npc.gov.cn和www.sz.gov.cn，学习人大代表如何为人民代言，并整理身边的民生问题，布置"观察生活，发现身边的民生问题"的行动实践，并要求完成表格。该环节是学习"人大代表为人民"的导行、深化，旨在引导学生关注身边的小事，提出合理化建议，在力所能及的范围内积极参与社会公共生活。

我们身边的民生问题	
小组成员阅读并签名	
你发现了身边什么有待解决的问题	
为什么会出现这个问题？这个问题造成了什么后果	
针对这个问题，我们可以做什么	

2. 课中探究性实践——思辨明晰如何参政议政

"水本无华，相荡乃成涟漪；石本无火，相击而生灵光。"这一环节旨在以问题贯穿整个课堂，引导学生通过思维碰撞，提高分析与解决问题、交流与合作的能力。

探究实践一：小组讨论完成：作为公民，我们可以通过哪些方式对哪些方面的国家大事、社会问题建言献策？

学生把他们课前了解和观察到的知识进行共享、归纳、总结，教师也要积极参与其中，适当引领，点燃学生的思维火花。

探究实践二：分组讨论发现的问题或提出的建议，聚焦本小组最想关注的身边问题。

（1）小组讨论、交流自己观察到的问题。

（2）各组代表汇报问题与看法。

（3）全班交流问题与看法。

（4）师生共同评价，将大家一致觉得突出的问题与看法写在黑板上。

这一环节，给予学生充分讨论问题、交流建议的时间，让学生真正感受到"生活中许多和我们相关的问题，小学生也可以建言献策"，以有效达成"在活动中感受身为人民代表的责任感"和"树立关心社会问题的公民责任意识和主动参与意识"这两个目标；引导学生观察生活，敢于提出自己的建议，培养学生发现问题、分析问题与解决问题的能力，这正是我们一线教师需要用心引导和重视的。

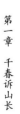

3. 课后探究性实践——总结、评价和建言

_____年_____班_____学生课堂自我评价表

明细	评价
通过学习，你是否明晰了义务的观念	
通过学习，你是否意识到自己作为社会的小主人，应该关心国家和社会的发展，对社会中存在的一些不合理现象要积极思考	
你是否敢于提出自己的建议，知道要从小培养主人翁意识和公民意识？	
你是否了解公民建言献策、参政议政的内容和方式	
你是否能从身边和生活出发，观察并发现问题，在力所能及的范围内积极参与社会公共生活	
你是否学会通过观察、采访、收集资料等活动了解国家大事和身边的民生问题，并认真参与和完成这些活动	
请给这节课你自己的付出打个分	
请给这节课你自己的收获打个分	
请说说你这节课的收获	

（评价分为优秀、特别好、需注意和一般四个等级，优秀"√"、特别好"★"、需注意"○"、一般为空格不做任何记号）

课后，老师和学生一起对班级的建言进行整理，整理出好的建言，尝试通过合适途径向政府建言。

老师和学生一起创设了班级建言箱，学生可以将平时针对一些问题的建言记录下来并投入建言箱，有专门的建言收集员负责统计并递送给老师，好的建言可以及时向有关部门反映。

四、案例反思

本次实践没有固定答案，旨在让学生善于观察生活，敢于提出自己的建议，培养学生发现问题、分析问题与解决问题的能力。学生的建议有可能涉及：

（1）学校东北门上学、放学时段交通严重堵塞。

（2）由于修路，校门口容易塞车，能否设立红绿灯？

（3）骑电动车不戴头盔的问题。

（4）垃圾分类的落实问题。

（5）近期道路开挖给生活带来了不便，造成交通拥堵。

……

也许孩子们的笔触稚嫩，无法完美地表达所思所感，但只要这种关注社会、关心民生的火花在他们心中点燃，只要他们意识到自己作为社会小主人身上的责任，只要公民意识和义务在他们心中扎根，就是这次实践最大的收获。

第一章　千春诉山长

班级管理案例分析

深圳市宝安区灵芝小学　贾　取

　　小A是班里有名的调皮大王，他时常做出一些让老师哭笑不得的事情，比如躲在厕所里玩纸巾筒，体育课上偷偷溜去草丛里摘蘑菇……老师还三天两头地接到他同桌的投诉，他的同桌走马观花似的换了一个又一个。这不，告状的又来了，刚刚这节课上他用铅笔挑同桌的刘海，一不小心戳到了同桌的眼睑，老师第一时间带他同桌去看了校医，幸亏只是伤到了表皮。随后，老师怒气冲冲地把小A叫到办公室训话，严厉批评，然后给他换同桌。然而接下来的几天，新同桌还是不断地去找老师投诉小A的"种种劣迹"。之前的处理方法似乎没什么效果，于是，老师开始反思。

　　小A真的就这么一无是处吗？为什么周围的同学似乎都不太喜欢他，经常来找老师投诉他？通过家访以及跟所有教过小A的老师交流发现，小A身上也是有一些闪光点的，只是未被发掘出来而已。另外，不善言辞的小A很多时候不喜欢反驳，不愿意解释，于是形成了一种恶性循环：每当同桌来投诉小A，老师就批评小A，小A就对投诉的同桌怀恨在心，反过来更加频繁地滋扰同桌，然后同桌又来告状……如此反反复复，在这个过程中，老师无意间扮演了挑拨离间的角色，因为老师的批评增加了小A对同桌的怨恨，也就变相加剧了小A与同学之间的矛盾。

　　要想让同桌与小A互有好感，换一种处理方式，会不会产生不一样的效果呢？说干就干。这天，同桌又一脸不悦地跑到老师的办公室来，看样子就知道又是来告状的。恰巧这时老师远远地看到小A跟在后面，盯着同桌。于是老师试着干起了"阳奉阴违"的"勾当"，朝着小A走过去，对他说："你知道吗？刚刚你的同桌想让我表扬你。她说这节课忘带数学课本了，你很仗义地把课本借给她看了。"小A吃惊地望着老师。老师又加了一句："刚才数学老师也来跟我说这件事情了，也表扬你很乐于助人呢！"小A脸上泛起了笑意，羞赧地转头回教室去了。老师又回头找到同桌，故作轻松地说："小A刚对老师说，今天数学课上你对他特别好，遇到他不懂的问题你还教他呢！"同桌的脸上绽开了一朵花。

后面，老师继续找各种机会表演"阳奉阴违"的"伎俩"。小A的同桌来告状投诉的次数越来越少了，课间的时候甚至看到两个人在一起玩"小熊吃饼干"的手指游戏，简直不可思议！

看来，孩子们闹矛盾时，老师让两人互生好感、互相赞美对方是一个好方法。在双方不能主动和好的情况下，老师就要从中斡旋，做一个"讨好"的第三方。不过善意的谎言要符合实际，不能"露出马脚"。这种巧妙的处理方式，对矛盾的化解会产生意想不到的效果。

教室里出现"小火龙"

——如何缓解孩子的不良情绪

深圳市宝安区灵芝小学　王　琪

　　早读前，她正在教室里发脾气，前后座同学的桌子上文具都乱了，书包被扔在地上，里面的书本散落一地，桌子椅子都是歪的……此时的她，就像一条喷火的小恐龙，一边号啕大哭，一边抓着那个惹祸的男生捶打，愤怒的火焰仿佛要烧穿屋顶。"啪"！她抓起一个文具盒打在男生的鼻子上，男生顿时流出鼻血来，被送去了校医室。一场冲突戛然而止，她还在气喘吁吁，哭泣不止。是什么让她生这么大的气呢？只是因为她昨晚忘记写作业了，早上来补写，男生说她在抄别人的作业，她觉得被冤枉了。这么小的事情，竟演变成一场流血事件。其中很大的原因在于女孩没法缓解自己的不良情绪，而是任由情绪爆发，最终变成过激行为。

　　性格养成是班级管理的助力，而小学是性格养成的重要阶段。因此，情绪管理要从小学阶段学起。学生的不良情绪主要包括焦虑、抑郁、自卑和易暴易怒。研究表明，学生情绪的稳定程度直接影响他们学习能力的发挥和习惯性格的养成。上面提到的案例中的不良情绪就是易暴易怒。容易发怒是学生常见的一种消极情绪，当一个人愤怒时，他的质感神经兴奋性增强，心率加快，血压升高，同时伴随着理性的暂时性丧失。在这种情况下，容易出口伤人，挥拳相向，一些受伤流血事件就是这样发生的。

　　人有喜怒哀乐，孩子出于本能，也会有不良的情绪反应。不良的情绪反应有其自身的原因，关键在于如何疏导。

一、保持良好情绪

1. 了解自己，正视自己

俗话说"人贵有自知之明"，若能知道自己的优缺点，知道自己的情绪来源，情绪管理就会更有针对性。"改变可以改变的，接受不能改变的"，有自知之明的人，心理状态也会更为平和。但不是每个人都能够做到了解自己，尤其是小学生，其自我觉察的意识尚不明确，所以不少学生对自己的优缺点都缺乏正确的认识。班主任可以用故事或者游戏的方式，让学生对自己做出客观的评估，察觉情绪的变化，扬长避短。

2. 与他人友好相处

心理健康的人的一个重要特点就是能和他人友好相处，不仅能接受自我，也能接受他人。小学生初入学要面临环境的重大变化，从众星捧月的家庭来到人人平等的集体，心里会有强烈的落差感。与人为善、共处、遵守规则是重要的必修课。爱人者人恒爱之，能与他人友好相处的人一般比较受欢迎。友好的环境也有利于个体情绪的稳定。

3. 学会顺应情绪的变化发展规律

情绪的变化有特点、有周期，学生个体如此，班级整体也如此。比如，上午情绪相对平稳，下午容易躁动；晴天心情舒畅，雨天低沉压抑；大型集体活动中容易紧张，画画写字时比较平静……教师要引导学生觉察情绪的变化，在情绪高涨时，体验愉悦欢快的感受；在情绪低落时，有意识地疏导和放松。

二、疏导不良情绪

1. 表达

小学生大部分不良情绪来自不被理解。班主任应通过日常生活，引导学生着重学习运用适当的词汇表达自己的情绪，设身处地地为别人着想，驾驭自己的情绪，培养与他人协调沟通的基本技巧；通过与他人的交流沟通，调适自己的情绪，保持情绪稳定。

2. 控制

教师首先要让学生了解什么是不良情绪，承认不良情绪存在的事实，在此基础上进行控制和疏导；其次要让学生进行自我放松，平复情绪，有意识地做点别的事情来分散注意力，如听音乐、找亲近的人聊天等。

3. 熏陶

熏陶，这是长远的方法，有利于培养和强化学生积极健康的情绪。例如，营造温馨有爱的班级文化氛围，布置"心情墙"让学生记录自己成长的心路历程；课间在班里播放轻音乐，甚至可以用专门的时间和学生一起欣赏音乐。教师要让学生学会爱与被爱，提高学生的自我认知水平，教会他们辨识不同的情绪感受，让乐观等良好情绪成为学生的主导情绪。

传统文化让道德与法治课更具魅力

——道德与法治六年级下册第一单元第2课"学会宽容"教学案例及分析

深圳市宝安区灵芝小学　蔡广丽

一、背景

"少而好学，如日出之阳。"小学六年级是学生发展阶段中一个十分关键的时期。在这个时期，学生开始从儿童心理品质特征向少年心理品质特征转化，具有较强的可塑性。这时候的学生比较容易表现出不服输的反抗精神，因此加强个人修养很重要。部编版道德与法治六年级下册把加强个人自身修养放在了首要位置，这就要求教师根据学生的特点和优势，引导学生朝着客观、乐观、进取的方向发展，为顺利完成中小学衔接做好铺垫。如果在教学中融入中华民族传统文化的精髓，定会起到事半功倍的效果。

陶行知先生说，"教育的根本意义是生活之变化"，而新课程倡导"用教材教而不是教教材"，这些都体现了教育要回归生活的理念。这一理念决定了学科教学既要走进文本，更要走出文本。那么，将传统文化融入道德与法治课堂，既可以在走进文本阶段，也可以在走出文本阶段，让道德与法治教学和实际生活更加融洽，从而让学生感悟课程的快乐。

本课程的教学以学生的认知水平为出发点，构建"自主—探究—合作"的学习模式，并让学生充分利用网络的优势，多而广地收集与宽容有关的传统故事。这不仅能锻炼学生对知识的收集和提炼能力，而且能让传统文化借助学科平台更好地扎根于学生心中，展现道德与法治课的魅力。

二、主题

习近平总书记说过："中华民族具有5000多年连绵不断的文明历史，创造了博大精深的中华文化，为人类文明进步作出了不可磨灭的贡献。"传承和继承优秀的中华文化是我们每一位教育者的责任。教师要大力弘扬中华优秀传统文化，把培育和践行社会主义核心价值观融入道德与法治教育的全过程，使学生更深刻地理解中华文化精髓，增强学生的感性认识，提升学生素养。我们要夯土为基，融传统文化于道德与法治的教学课堂，让道德与法治课因传统文化的渗透更具魅力。

三、案例

片段一：趣导入

教师讲《诸葛亮七擒孟获》的故事。

学生思考：故事中诸葛亮的智慧体现在哪里？他为什么会七擒七纵孟获？孟获的态度有没有发生转变？为什么会出现这样的结果？

教师阐述：宽容是我们中华民族的传统美德，作为青少年，我们应该将这一美德继承发扬下去。这节课，就让我们一起走进第2课"学会宽容"。

分析：

党的十九大报告中指出"文化强则民族强"，中华民族五千年的文明不能丢弃，教育要大力弘扬传统文化，将传统文化融入课堂在学校教育教学中显得尤为重要。这一课通过传统故事的导入，激发了学生的兴趣，并在教学过程中创设情境，润物无声地让学生认识到宽容的重要意义。它以故事引领，以问题串联，不仅使学生熟悉了典故、学到了传统文化，还引发了学生思考，营造了良好的课堂氛围，使学生的注意力得以有效集中，对学生产生了强大的感召力。

片段二：拆字谈

同学们，刚刚我们谈的是自然之道。其实，我们古人的造字组词也很有讲究，现在，我们就来看一看"宽容"这个词中的两个字到底有什么奥妙。

你有什么发现？

生："宽""容"都是宝盖头，可见都是宝贝。

生："宽"字下面是草字头和"见"。

师：也就是说，允许像杂草一样的看法并存，可是我们往往连一种异见都无法包容。

生："容"字下面是两个"人"和一个"口"。

师：就是你说你的理，我说我的理，不妨求同存异，这就是和而不同。

分析：

文化是行为的内驱力，传统文化是伟大的中华民族五千年的文明硕果。罗常培先生说："语言文字是一个民族的文化结晶。"在教学中，教师将拆字谈与传统文化进行融会贯通，对学生进行传统文化的熏陶，让学生透过文字理解其背后的道德内涵，领略传统文化的真谛；充分利用传统文化中的大量形象，激发学生的爱国情怀，让学生感受中华五千年文字的魅力，从而形成优良的道德素养。

片段三：品故事

宽容的内涵如此丰富，那我们为什么要宽容别人呢？下面，让我们一起走进六尺巷的故事，一起一探究竟。

（1）赏经典故事，悟宽容根源：出示六尺巷的故事视频。

齐读诗句：千里家书只为墙，再让三尺又何妨？万里长城今犹在，不见当年秦始皇。

师：是啊，同学们，宽容是一种品德，是一种气质；宽容他人，你是仁者；宽容自己，你是智者。

（2）这样的历史故事还有很多，你们还知道哪些？

生：我知道将相和的故事，它讲到了廉颇和蔺相如。（廉颇几次三番折辱蔺相如，但蔺相如却说："为了国家的安定，不必与廉颇计较。"廉颇认识到了自己的狭隘，负荆请罪，从此将相和，国家安）

生：我知道齐桓公和管仲的故事。（公元前686年，齐国发生内乱，襄公被杀。逃亡在外的公子纠和公子小白都设法回国，抢夺国君之位。公子纠的师父管仲为确保公子纠登位，便在中途谋杀小白，一箭射中小白，但小白并没有死，而是速回齐国，顺利地登上国君之位。他就是历史上有名的齐桓公。他不仅不计较管仲的"一箭之仇"，反而对他予以信任和重用，立他为"相国"。管仲深为齐桓公的宽容所打动，尽全力辅助齐桓公整顿军队，发展生产，促进外交，使齐桓公成为春秋第一霸主）

……（小组派代表分别讲述本组收集到的与宽容有关的传统故事）

师：是啊，这样的故事还有很多，说明宽容是我们中华民族的传统美德，宽容使我们的生活更加幸福和谐。

分析：

"古之立大事者，不惟有超世之才，亦必有坚忍不拔之志。"细数传统的经典警句，都不禁使我们感叹古人博大的胸怀，何况故事乎？将传统故事融入课堂，让它辅助教学，能使课堂鲜活起来，不仅锻炼了学生对知识的收集、归纳能力，也锻炼了学生的辨析能力。

这节课渗透了许多传统故事，以故事启发思考，以故事提升素养。通过传统故事的辅助，学生不知不觉间成了课堂的主人，在倾听中接受文化的熏陶，不仅学会了课本上的知识，也改变了传统文化知识相对匮乏的现状，有利于知识的扩展。

教师要合理利用传统文化的精神光辉，给道德与法治课的教学殿堂施洒一缕光，让它更具魅力。

怎样培养孩子不懂就问的习惯

深圳市宝安区灵芝小学　丁　园

三年级的小丽是班上性格文静、有点内向害羞的女孩，她在学习方面存在比较明显的偏科现象，语文成绩很好，但是数学和英语有些跟不上，上课常常听着听着就发呆走神，作业虽然字迹工整，但答案往往驴唇不对马嘴。看到这样的情况，老师很着急，和家长以及科任老师沟通后才知道，原来小丽在刚接触数学和英语的时候就遇到了困难。一开始小丽也问家长，但父母工作繁忙，有时候能及时辅导讲解，但次数多了就会表现出不耐烦或者让她问老师。久而久之，小丽学习上遇到困难也不大敢问了，于是，到了三年级学习就越来越跟不上了。

孩子在学习上遇到困难的时候通常都会先问家长，如果在家长那里得不到他能理解的答案，就会采取问同伴或者老师的方式，但如果仍然碰壁或者性格内向、胆小，就可能不会再有不懂就问的意愿了。久而久之，孩子要么发展成遇难则退的逃避心理，要么会对思考和动脑筋这件事产生疲倦感。不管是哪种情况，对于低年段的孩子来说都是非常危险的，不利于他们学习能力和思维能力的提高。所以，我认为家长应该重视培养孩子不懂就问的习惯，并且在孩子出现这方面的困难时要及时想办法进行引导。那么，怎样才能培养孩子不懂就问的习惯呢？我提出了以下建议。

一、建议家长从孩子的角度出发，先教会孩子如何问问题

其实心中有"问"是产生表达欲望的开始，但有问而不敢问往往是因为

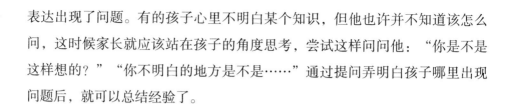

表达出现了问题。有的孩子心里不明白某个知识，但他也许并不知道该怎么问，这时候家长就应该站在孩子的角度思考，尝试这样问问他："你是不是这样想的？""你不明白的地方是不是……"通过提问弄明白孩子哪里出现问题后，就可以总结经验了。

二、 帮助孩子建立不懂就问的学习观

在平时的学习生活中，我建议家长一点一滴地渗透给孩子这样一个观念：人有时候会遇到各种各样的困难，如果只凭自己单打独斗，最后多半会"挂掉"，但如果懂得不懂就问，就好比有一个团队在帮你解决问题，成功率往往会更高。

三、 与老师保持良好的沟通和合作，家庭和学校合力帮助孩子建立不懂就问的信心

对于低年级的孩子来说，如果仅靠家长或者老师单方面的鼓励和引导，他们很难保持不懂就问的习惯。只有家长和老师在孩子不懂就问的时候不断加以鼓励与强化，孩子的这个习惯才能得以长久保持。

四、家长应该更加积极和耐心地对待孩子心中的疑问

以上案例中的小丽之所以出现比较严重的学习困难，一方面是因为小丽本身的性格问题，另一方面是因为父母缺乏耐心和引导。我建议家长首先积极和孩子沟通，给予其足够的耐心和指导，一点一点地解决孩子学习上的困难，这样才能逐步帮助孩子建立起学习的自信心，不懂就问的习惯也会慢慢养成。

子曰："敏而好学，不耻下问。"其实做学问也好，做人也罢，我们都应该保持心中有疑问，而且要懂得如何去问，如此才能使自己的学问和修养保鲜保值。习惯都是从小养成的，因此孩子心中的每一个疑问都是珍贵的，都值得被耐心对待和正确引导。

呵护心灵，让生命保持本色

——加强小学生青春期性教育案例

深圳市宝安区灵芝小学　林苺

深圳市宝安区海裕小学　翁丽丽

深圳市宝安区红树林外国语小学　毛婷婷

深圳市宝安区天骄小学　吴望望

近年来，儿童性教育受到社会的广泛关注，相关法规也对中小学生有计划的性教育进行了规定。新中国最早的性教育是由周恩来总理在1963年3月提出的，至今我国已有80余个政府文件中明确指出性教育的重要性与必要性。由教育部颁发的《中小学健康教育指导纲要》《普通高等学校学生心理健康教育课程教学基本要求》《小学教师专业标准（试行）》和由国务院发布的《中国儿童发展纲要（2011—2020年）》都纳入了对性教育的保障要求。2020年10月17日，十三届全国人大常委会第二十二次会议审议通过修订后的《中华人民共和国未成年人保护法》，于2021年6月1日起施行。新修订的《中华人民共和国未成年人保护法》的条文内容从原有的72条增加至132条，更是将性教育纳入其中并加以强调。2020年5月18日，"女童保护"全国"两会"代表委员座谈会在北京召开，会上发布了《2019年性侵儿童案例统计及儿童防性侵教育调查报告》。该报告显示，在2019年度媒体公开报道的301起案例中，受害者年龄最小的为4岁，7~12岁小学学龄段的受害者比例最高，为125起，占比41.53%。

种种迹象表明，社会、学校与家庭通过法律手段保护儿童性安全的观念

27

淡薄，甚至不了解相关法律法规，对性教育的认识有一定程度的局限性，存在着误会与偏见。学校也没能很好地把握性教育的方式、角度和程度。本文对性教育案例进行分析研究、拓展跟进，有利于提高学校、教师以及家长对小学生性教育内容的认识，对小学生性教育有一定的参考作用。

一、案例描述

某小学六年级男生课后尾随女生到厕所偷窥，女生发现后尖叫着冲出厕所。事发后，学校组成专项小组：班主任安抚哭泣的女生；安全办、德育处对该男生进行教育，让他明白"隐私"与"偷窥"的定义，心理辅导老师把该男生带到心理室进行心灵安抚。最后，两名学生回到班级。

学校高度重视此事，召集相关人员商讨接下来的教育活动，把小学高年段青春期性教育作为本学期的重点工作之一列入学校工作计划当中，随后开展了系列教育教学活动，并制订了教育方案。

××小学"为青春护航"青春期性教育方案

一、指导思想

青春期是孩子成长的重要时期，此时期的孩子身心有着许多奇妙的变化。根据《中共中央国务院关于进一步加强和改进未成年人思想道德建设的若干意见》《中小学心理健康教育指导纲要（2012年修订）》精神，结合各年级学生年龄特征，着眼于每一位学生的身心和谐发展，提高学生对健康和生命的认识，为学生健康成长和幸福生活奠定基础。对全体学生进行青春期教育及性教育，让学生不因无知而懵懂，不因恐慌而茫然，以乐观健康的心态迎接美好的青春。

二、主题：为青春护航

三、组织架构

领导小组：校长、德育分管副校长、德育处主任、安全办主任、少年大队辅导员

组织人员：班主任、心理老师

四、活动时间：2021年5—7月

五、活动对象：各年级学生

六、活动内容：性心理、性生理、心理健康教育

七、具体安排

（一）启动仪式

为了帮助学校处于青春期的学生掌握和了解青春期生理及心理的发展变化，顺利度过青春期，学校以母亲节为契机，举行"为青春护航"青春期性教育启动仪式。

（二）学生系列讲座

邀请专家对各年段学生分别进行性教育、青春期教育讲座，提高学生对自我、生命、性、青春期、健康与爱的认识，预防性侵害，科学保护隐私部位，学会自爱自护、寻求帮助，以健康的身体、阳光的心态追逐梦想，快乐成长。主题讲座分别为：

一、二年级学生《我从哪里来》

三、四年级学生《多彩的生命》

五、六年级学生《拥抱青春》

（三）亲子阅读会

一、二、三年级组织亲子阅读会，阅读材料为"歪歪兔儿童性关怀"系列图画书，分年级举办读书分享会，每班选举两个家庭在分享会上进行读书感想分享。

（四）"生命之光"心理剧大赛

每个年级创作、编排一个生命教育题材的心理剧，进行全校展演，让演出者和观看者伴随剧情的发展体验生命的美好，从而更加尊重生命、珍爱生命。

方案制订后，教师们普遍认为"性教育"是一件难以启齿的事情，担心在学校开展如此大型活动会引起部分家长的不满和误会。特别是班主任因缺乏专业的性教育教学技巧，产生了畏难心理，教育活动最终不了了之，没有达到预期效果。

二、案例讨论与分析

本案例中学校的处理方式有可取之处：一是反应及时。当学生发生问题时，学校德育部门及心理室能及时处理，在一定程度上保护了学生的心灵。二是纠正及时。当教师错把心理健康问题当作品德问题处理时，学校及时纠正教师的错误观念，提出进一步的教育方案。三是高度重视。校长牵头，提出要求，指明方向。由德育副校长牵头，以德育处、安全办、心理室、班主任为主要成员，小组成员集中精力，统一思想，高度重视，认真对待，各司其职，开展教育活动。

但是，无论是社会、家庭还是学校，对性教育的认识都有一定程度的局限性，对性教育存在着误会与偏见，使得学校在落实性教育的过程中，没能很好地把握方式、角度和程度，小学性教育没有达到应有的效果。本案例不足之处表现在：

（1）学校与家庭对性教育仍存在误会和偏见。首先，学校不清楚受教育群体的认知度，没有对学生和家长关于青春期学生性教育内容、程度与方向的掌握度和了解度进行全面调查。其次，学校高估了教师对青春期学生性教育的重视与认识。班主任没有树立正确的性教育观念，对小学生的性教育观念没有达成共识，不能以开放和合理的方式进行有效的青春期性教育。

（2）学校所制定的教育内容不够全面。本案例中的学校教育只针对学生的性心理、性生理以及青春期教育三个方面，内容不够全面。而小学生青春期性教育的内容应该包含性别教育、爱与生命教育、情感与责任教育、道德与法治教育。在此基础上，学校制订的方案中应包括性心理、性生理、爱与尊重教育、生命教育以及道德与法治教育等内容。

三、可行性操作策略与建议

1. 前期法律咨询，为案例提供了理论支撑

在提出策略与建议之初，本小组咨询了广东宝城律师事务所的专业律师。通过咨询了解到：目前，国家从立法层面和司法层面均加强与完善了对

未成年人受性侵害和性骚扰的保护。《中华人民共和国民法典》特别从立法上延长了对未成年人遭受性侵害的保护时间，从而增强了保护力度。而2020年国家对1992年1月1日生效的《中华人民共和国未成年人保护法》进行重新修订，进一步加强和完善了对未成年人遭受性侵害的保护力度与措施，同时除了保护未成年人免受性侵害之外，还将免受性骚扰正式纳入未成年人保护范围。尤其是该法进一步规定了学校、幼儿园的如下法定义务：①应建立预防性侵害和性骚扰的工作制度；②应对未成年人开展适合其年龄的性教育，提高未成年人防范性侵害、性骚扰的自我保护意识和能力；③应及时向公安部门与教育行政部门上报针对未成年人性侵害和性骚扰的违法犯罪行为，不得隐瞒；④对遭受性侵害和性骚扰的未成年人，学校、幼儿园应当及时采取相关的保护措施。

然而，学生的自我保护意识非常薄弱。为此，律师提出建议：学校要增强普法力度，提高学生的法律法规意识，以维护自身合法权益；还要加大家长和教师对相关法律法规的学习力度，以适当方式保护学生。

2. 前期问卷调查，为案例提供了数据支撑

为了修改案例中的小学生青春期性教育方案，2021年4月，我们在宝安区红树林外国语小学、万丰小学、灵芝小学三所学校，持续21天面向家长、教师、学生进行网络问卷调查。其中，调查采样的小学五、六年级学生共236人，其中女生106人，男生130人；调查采样的小学五、六年级学生家长共262人，调查采样的小学教师共65人。经过抽样调查、分析总结，我们发现了以下问题：

（1）学生对性知识掌握不够。在问卷调查中，99%的学生都知道被背心、短裤覆盖的地方是身体的隐私部位，不能被他人随意触碰，但对隐私部位的认知和保护只停留在表面上。调查问卷显示，对于"如果碰或看你隐私部位的人对你说'这是我们之间的秘密'，你是否会保守这样的秘密呢？"这一问题，有27.54%的学生选择了为对方保守秘密，如图1所示。

山水清音何潺潺
：林苒名师工作室德育共建研究实践

你会为碰、看你隐私部位的人保守秘密吗？

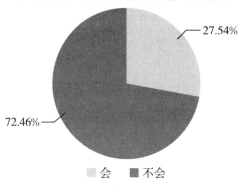

图1 小学生问卷调查

对于"如果有人没有经过你和家人的同意，触碰你背心、短裤覆盖的地方，你知道该如何自救或求救吗？"这一问题，有10.16%的学生表示不知道。对于"如果有熟人（如邻居、老师、亲戚）摸你，让你不舒服或者感到奇怪、害怕，你会……"这一问题，只有41.90%的学生坚定地选择了"对他说'不要碰我'"；6.70%的学生选择了"当时忍忍，事后告诉家长"；2.10%的学生选择了"没啥事，忍忍就过去了"；更多的学生是一种矛盾的心理，有49.30%的学生知道要拒绝对方，但是可能因为害怕而不敢拒绝或者选择忍耐，事后再告诉家长，如图2所示。

如果有熟人（如邻居、老师、亲戚）摸你，让你不舒服或者感到奇怪、害怕，你会……

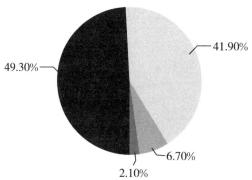

图2 小学生问卷调查

（2）家庭对性教育的认识不够。红枫妇女心理咨询中心针对107名6～14岁儿童和1100余名家长的一项调查显示，有38.04%的儿童表示从未有人告诉过他们要保护自己的身体，41.90%的家长表示从未引导孩子认识自己和异性的身体，仅有37.90%的家长教孩子认识自己身体的隐私部位，不能让其他人触碰隐私部位，仅有8.30%的家长表示明确知道学校在进行性安全知识教育，43.50%的家长表示学校没开展过此类教育。

在三所学校的网络抽样问卷调查中，调查采样的五、六年级学生家长共262人，我们发现家长的性教育观念已经发生转变，并感受到了网络信息时代性教育方面的压力。95%以上的家长认为小学阶段开展性教育是必要的，认为发达的现代社会网络信息使孩子接触更多电子产品，导致认知早熟，希望孩子正确掌握性知识，学会自我保护，如图3所示。而对学校开展性教育的成效感到满意的家长只有27.87%，如图4所示。

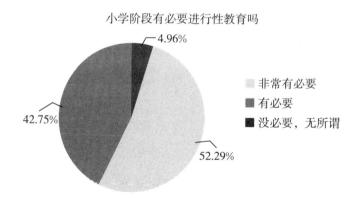

图3　小学家长问卷调查

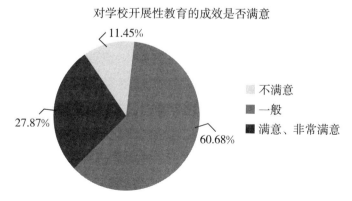

图4　小学家长问卷调查

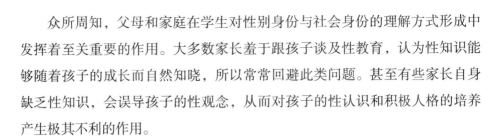
众所周知，父母和家庭在学生对性别身份与社会身份的理解方式形成中发挥着至关重要的作用。大多数家长羞于跟孩子谈及性教育，认为性知识能够随着孩子的成长而自然知晓，所以常常回避此类问题。甚至有些家长自身缺乏性知识，会误导孩子的性观念，从而对孩子的性认识和积极人格的培养产生极其不利的作用。

（3）学校对小学生性教育内容的认识不全面。查阅相关文献后，我们了解到：2020年关于"女童保护"统计显示，在301起媒体报道的案例中，发生在校园、培训机构的有80起，占比26.58%；发生在小区、村庄、校园附近等户外场所的有31起，占比10.30%。学校、培训中心等儿童密集活动的场所，也是性侵案高发地。调查结果显示，家长对学校青春期性教育的效果很不满意的占14%，流于形式、形同虚设的占12%，有待提高的占25%，还可以的占35%。"女童保护"报告指出，虽然开展有效的学校性教育是一项明确而迫切的要求，但大部分地区尚没有做到这一点，原因包括对性教育的性质、目的和效果的误解以及由此产生的"感到的"或"预期的"阻力。

如何兼顾孩子的学习与特长

深圳市宝安区灵芝小学　陈世安

案例：

小江的家长跟我反映孩子参加健美操训练有一段时间了，也获得了不错的成绩，有向专业化发展的趋势，孩子也喜欢健美操，同时学习成绩很好。但是从发展的情况来看，专业从事健美操的人员未来工作的选择面相对高考要窄很多，所以家长希望孩子能够退出健美操队的训练，专心学习。而小黄的家长则有不一样的选择，小黄热衷于钢琴，已经具备专业水准，但学习成绩在班里靠后，小黄的家长却并不过多干涉孩子的兴趣爱好，甚至全力支持，鼓励其发展。

案例分析：

小江的家长实际上面临的是孩子未来的选择问题，害怕孩子的兴趣爱好影响正常学业。这个担心确实是很有必要的，因为孩子可能在健美操的道路上走不了多远，甚至失去对健美操的兴趣，使一切努力都落空。学习上也会因课余时间被占用导致成绩下滑，也就是"一只手抓两只苹果，却又担心手不够大，两只苹果都抓不稳"。

相比之下，小黄的家长有着不同的态度，认为孩子本身的学习就不尽如人意，因此干脆让孩子自由发展，在钢琴的道路上走出自己的"独木桥"，并不担心孩子未来的选择问题。

由此不难看出，平衡学习与兴趣爱好的问题其实就是孩子和家长对未来的规划问题。面对这种问题，我告诉家长：您让孩子接触兴趣爱好的心态并不一定是孩子自己的心态，应该是您引导孩子选择，而不是您替他选择。

如果您的孩子单纯是为了强身健体或丰富课余时间、扩大自己的认知面，那么您对他在兴趣爱好上的期望越大，越会增添孩子的压力，甚至导致他在青春期更为叛逆。

如果孩子是真心想在兴趣爱好上谋求发展，那么哪怕哭着他也会走到底。这时候您的孩子已经步入小学高年级，虽然还不是大人，但已几乎步入青春期，应学会为自己的选择做决定并承担责任，是一件值得欣慰的事。这时候您不妨把他当作一个大人，签订属于你们的协议：倘若孩子真的能坚持到底，那么作为家长将无条件支持，而如果坚持不下去，孩子也需体谅父母，回来好好学习。相信无论结果如何，孩子不仅不会怪您，反而会学会谅解、学会承担。

换句话说，每个专业都有它存在的意义，哪怕没有在某个专业登峰造极，也有这个专业独特的生活方式。问题在于，孩子如果选择了兴趣特长，是否喜欢那种即便没有登峰造极也能拥有的生活方式？处理好这个问题，那么在"高考"和"兴趣特长"之间权衡就容易多了。

以上就是我作为一名国家二级退役运动员、小提琴特长生、理科一本考生结合年少时候的经历得出的见解。

正确打开小学模式

——幼小衔接家庭教育指导活动实施案例

深圳市宝安区灵芝小学　蔡广丽

一、案例主题

孩子快要进入小学阶段了，家长又要多一个身份：一年级小学生家长。而孩子也即将开始长达十几年的全天候的规范的学习生涯，将从儿童到少年，从少年到青年，人生中最美好的年华都将在这段学习生涯中度过，许多美好的事情都将在这段岁月中发生，所以这是一个非常重要的开始。也就是说，幼小衔接是幼儿发展过程中的一个重大转折期，做好幼小衔接工作对幼儿的身心发展具有重要影响。

二、案例意义

俗话说，万事开头难，这个头开好了，将受益一生。这不是孩子一个人的事，而是一个家庭的事。作为家长，如果能够为这种新的生活形式做好适当的准备，就会拥有让孩子获得巨大成功的可能。

三、案例描述

苏霍姆林斯基说："我们的教育对象的心灵绝不是一块不毛之地，而是一片已经生长着美好思想道德萌芽的肥沃的田地。"作为教师，我们在发现并扶正学生心灵土壤上的每一株幼苗并拔掉缺点的杂草的同时，肩负着将自身的教育技巧传达给家长，实现家校合作，发掘孩子内心的财富，把孩子培养成真正的人的重任。那么，我们要做怎样的家长？我们要为孩子做出怎样的榜样？我们在孩子需要帮助的时候要用什么方式对他伸出援手？基于此，将此次案例目标设置如下：

（1）通过家长课程，帮助家长正确认识幼儿园和小学的主要差异。

（2）帮助家长认识情绪控制在孩子教育中的重要性，小手拉大手，家庭总动员。

（3）帮助家长认识到要怎么做才能帮孩子平稳过渡。

（4）家长应注重培养孩子的好习惯，明白"习惯形成性格，性格决定命运"的道理。

（5）培养亲子阅读的好习惯，让孩子从小爱上阅读。

四、案例过程

根据以上目标，我们以家长需求为基础，聚焦家长课堂，以课堂体验驱动、内化、提升认识，促进家校共同形成良好的幼小衔接实力链，并打造了四个递进式的幼小衔接课程：一年级家长的正确打开方式、有效的亲子沟通、亲子悦读和好孩子好习惯。

1. 一年级家长的正确打开方式

在这节家长课堂上，我们主要指导家长正确开启小学生家长的模式。

话题从正确认识幼儿园和小学的主要差异、家长自己要管理好情绪、帮助孩子从心理上到行动上认同自己作为一年级小学生的身份、参与到孩子的学习任务中等方面展开，从而告诉孩子：小学生活真的不一样了，你长大了。

同时，引导家长思考：

（1）放学后孩子的学习生活由谁来管理？承担这项工作的最优排序：父母，高品质的兴趣班，祖父母，午托和晚托。我认为在小学的最初阶段，父母中至少一位无论如何都要抽出时间来管理孩子并跟孩子进行每天的小总结。一年级开学后的第一个月比三年级的一个学期都重要。

（2）父母二人由谁来管孩子的学习比较好？要看谁更有意愿，而不是看谁更有时间。不要钻牛角尖，也许你是家庭中比较有教育能力的一方，但有时候却不是最合适的一方。

（3）在家里创造学习氛围——亲子悦读很重要。

（4）从与孩子的交谈中了解孩子的校园生活，更重要的是让孩子在这个过程中学会观察和专注。

2. 有效的亲子沟通

在这个课程里主要引导父母认识到：父母在孩子面前扮演的角色只能是引领者、支持者和陪伴者。所谓引领者，就是做给孩子看，将孩子从"囚"的"口"中引出来，变成一个"人"；所谓支持者，就是在孩子遇到困难时，帮他撑住，给他一个安全的港湾；所谓陪伴者，看似容易，其实很难，不管孩子在做什么，面对什么样的挑战，都要陪伴他，尊重他，给予他温暖，以一种平和的心态帮助他成长，让他知道不管怎样爸爸妈妈都会在他身边，让他感到安全、温暖。

只有我们愿意做真正的父母，孩子才愿意成为孩子。

3. 亲子悦读

这堂家长课旨在让家长更加了解亲子悦读。

亲子悦读，又称"愉悦的亲子共读"，就是以书为媒，以阅读为纽带，让孩子和家长共同分享多种形式的快乐阅读的过程。亲子悦读一定是有好处的，那么它的好处有哪些呢？

亲子悦读满足了孩子听故事的需求，激发了他们的求知欲。

亲子悦读可以加深父母与孩子的感情，虽然父母和孩子在生活起居上很亲密，但思想与心灵上的交流，一起看和分享的过程更美好。从小建立这样的关系，将来孩子长大了才会更愿意和父母交流。

亲子悦读可以培养学生阅读语言文字的兴趣，让孩子喜欢上书本。

亲子悦读可以极大地提高孩子的阅读能力，积累和发展语言，开发智力，发展创造性思维。

此外，家长要在四个条件下进行亲子悦读：第一个条件是软硬件环境，第二个条件是每天固定的时间，第三个条件是方法和策略，第四个条件是真实的书籍。

4. 好孩子好习惯

没有一个孩子什么都会或者一学就会，即便他是天才；没有一个孩子比别人差或优秀到哪里去，在老师眼里，孩子都是一样的。小学是孩子进入的第一个真正的"社会"，他们必定要在这个"社会"中学会面对困难，学会承担责任。

家长要帮助孩子从心理上到行动上认同自己作为一年级小学生的身份。

从心理上来讲，孩子在入学这一段时间一般会经历从兴奋到厌倦再到适应的过程。表现比较极端的就是孩子刚开始巴不得一天二十四小时在学校，几天过后，发现学校没幼儿园那么自由，就哭闹着不肯上学。家长如果不了解孩子的这种心理变化，没有提前做好准备，就会不自觉地被孩子带入这三个阶段。那么，家长要怎么做才能帮孩子平稳过渡呢？

（1）举行一个仪式，关于名字，关于照片。

（2）遵守学校、班级的规章制度。

（3）按时接送，不迟到；规范着装；不搞特殊化。

（4）教孩子自己承担责任，自己的事情自己做，自己的学习自己操心，自己的东西自己爱护。

（5）培养良好的学习习惯和生活能力，包括学会整理、学会生活、学会劳动、学习学习。

（6）让孩子喜欢上自己的老师。家长自己要先接受老师，对老师的行为感到不解的时候，应及时和老师沟通；鼓励孩子分享学校生活的细节，用正向的方式提问；用心发掘老师的优点；让孩子亲眼看见你和老师之间融洽的关系；及时扭转孩子对老师的负面感受和看法，孩子有进步时，争取老师的配合，老师们都会很乐意的。

（7）培养良好的阅读习惯。每一个家庭都有独特的气质类型。好的学习氛围，孩子自然感受得到，每个人都专注做自己的事情，完成自己的任务后再开展娱乐。让孩子明确学习和娱乐的关系及排序，先学习再娱乐，这个原则对谁都是一样的。孩子看得见，但不一定懂得这个原则，那么就请说给孩子听。孩子每天带回家的学习任务一般是30分钟，不会超过1小时，剩下的是自由时间。但是，父母要做的是提供引导性的选项，而不是扔给孩子一个平板、手机。那么，怎样提供引导性的选项呢？一个是家长邀请孩子参与自己的工作或者娱乐。另一个就是阅读，家里一定要有书且要有适合孩子的书，父母要爱读书，手不释卷的父母，就是孩子爱上阅读的最好理由。如果父母确实不爱读书怎么办？试试反向的做法，即让孩子来督促、带领家长阅读，这样一来，即便最后父母没养成阅读习惯，孩子养成了。另外，每个家庭都需要有学习的硬件条件，即适合孩子学习的固定区域。

总之，家庭是习惯的学校，父母是习惯的教师。

五、案例反思

幼小衔接工作是基础教育工作系统中的一个关键点，要想更好地解决幼小衔接问题，只依赖一两次的活动或几个系列的课程是不够的，家校要及时沟通交流，教师和家长要互相理解、互相支持，如此才能形成行之有效的家校合力。

教育是一场修行，只有在不断的学习中，我们才会变得越来越好。对于教育这场修行，我们且行且思，一直在路上。

教育需要等待

深圳市宝安区灵芝小学　王小玲

　　小丁，因3岁时的一场意外，头上留下了七八处伤痕，8月30日出现在教室门口时，把小雨、小美吓得直往我身后躲，而接下来的日子却惊到了我——上课打扰同学，咬杂物，扔东西；下课拔花草，捉蜗牛，打蚂蚁，把彩色笔芯拔出来并在他能够触碰到的每个地方都留下印记……

　　我爱孩子，我理解这样的孩子更需要关注和爱护，于是我面对小丁时每每都是笑脸相迎，苦心规劝，联系家长，课堂上给予特别的关注，让班级同学宽容爱护他，为他准备各种小礼物，只求他尽快融入班级，不要落下太远。可惜时间从8月30日到了10月30日，小丁并未见有多大的改变，他逍遥的身影依然在学校的很多角落游荡！五星班级的评比，因为有他而屡次与我们班擦肩而过。我急了，这样下去行吗？是不是该来一次重锤敲击？是不是玉不琢不成器？于是在他第八次拔出彩色笔芯画得自己满头满脸都是，还伸出脚绊倒同学时被我拎进了办公室，我把一直以来的怒气、难过如大雨倾盆地往他身上倒，恶声恶气地数落着他的百般不是，说到结尾处还狠狠地加上了一句：你若不改，老师将不再爱你！可惜的是，他逍遥的身影依然在校园的很多角落出现，唯一的改变是看我的眼神开始躲躲闪闪。

　　一天，小丁不小心瞥见了我门神一样的眼光，便因为躲避过急狠狠地摔了一跤，膝盖破了一层皮，血直往外渗，又急又恨的我，背起他就往校医处跑，不巧，校医外出开会，我只好又背着他跑向校外的社区医院。就在汗水从额头滑下要浸入眼睛时，一只带着汗滴的花花绿绿的小手从背后伸过来并温柔地说："老师，不急，我可以自己慢慢走！"刹那间，这个让我生气难过的麻烦包身上仿佛发出了万丈光芒，让心急如焚的我如沐春风。我从来不知道原来不慌不忙能够让人这么舒服，剩下的路我们相扶着走完了。

曾几何时，我在乎班上是否得了流动红旗，在乎某堂主题班会是否获得了表扬，在乎班上某项比赛是否得了第一，却忘记了教育需要慢慢走。我一边羡慕牵着蜗牛散步的美好，一边却又步履匆匆。

和小丁相扶着慢慢走完的路让我沉下心来思考：回归教育原点，摒弃急功近利，循孩子天性而为，再寻找最佳的教育生长点，才是教育的正途。换一个角度思考，破坏力可能就是未来的创造力和生长力。只要遵循规律，导引得法，挺过瓶颈期，这样的孩子完全可能成长为"优秀人才"。从此，面对小丁，面对我的班级，我开始进入从容淡定的状态：绝不揠苗助长，坚信教育是缓慢的事业。

两年后的小丁已经不再到处涂画，他的身影还会偶尔出现在走廊的书吧。

想起张文质在《教育是慢的艺术》一书中所说：教育，是一种慢的艺术。它不能够一蹴而就，需要长时间积累，潜移默化，积极等待。

最后，让我们一起重温顾城的一首小诗：在山石组成的小路上，浮起一片小花，它们用金黄的微笑，来回报石块的冷遇；它们相信，最后，石块也会发芽，也会粗糙地笑，在阳光和树影间，露出善良的牙齿。

我亲爱的孩子，我们一起慢慢走。

桃李春风寸草心

深圳市宝安区灵芝小学　欧　芸

翻开扉页，脑海中蓦地想起了奥地利心理学家阿德勒的一句话："幸福的人用童年治愈一生，不幸的人用一生治愈童年。"

对于每个孩童而言，童年是那样漫长，在懵懂中摸索认识的大千世界，在书籍中孜孜以求的知识海洋，在玩乐中拾取珍藏的烂漫无瑕，无一不是童年最珍贵美好的回忆。童年又是那样短暂，几载春秋过，路旁排队觅食的蚂蚁，秋日飘摇而落的枫叶，上学时天边璀璨的朝阳，虽面貌未改，但早已不似儿时模样。为师者，愿不遗余力，呵护每一个孩子快乐的童年旅程。

《读懂孩子的心》一书中无处不渗透着一个观念：平等对话，倾听孩子的心声。当孩子乐于分享时，认真倾听，给予回应，就是对孩子童年快乐最大的保护。当孩子郁郁寡欢时，细心开导，了解因果，让孩子作为一个独立的个体，尝试自己解决问题，就是对孩子独立发展最大的支持。当孩子用发脾气表露心绪时，不仅仅要从行为上进行引导，更重要的是用自己的倾听和呵护，无声地告诉孩子——我在这里，我在倾听，我非常在乎你的感受。孩子们的幸福感和安全感，很大一部分源于自己的感受被大人在乎。

犹记得班上孩子一年级刚进校时，在课间发生的一段有趣的对话。孩子们从陌生到熟识，慢慢习惯了小学校园的生活，一天课间，我见讲台前几个孩子聚在一起，在眉飞色舞地讨论着什么，于是我放下手里的作业本，也凑了过去。只听一个孩子说："我每次认认真真写字的时候，都觉得爸爸妈妈特别喜欢我。"另一个孩子道："我犯了错误主动道歉的时候，爸爸妈妈最喜欢我。"我侧耳听了几句，原来孩子们在讨论做什么事情的时候觉得爸爸妈妈更喜欢自己。于是我问道："那你们什么时候最喜欢爸爸妈妈呢？"孩子们一时停了下来，其中一个说："我喜欢爸爸妈妈没有理由。"另一个孩子也附和道："爸爸妈妈爱我的时候，我最喜欢爸爸妈妈。"孩子们突然欢笑起来："可是爸爸妈妈会永远爱你呀！""所以我说没有理由嘛，我也一样永远爱他们呀！"孩子们的童言童语天真而烂漫，就像夏季里温暖了夜空的萤火虫，捂得我心口温热。

恰逢班会，我便和班上所有的孩子一起讨论关于与家人相处，以及如何应对情绪的问题。一节课下来，我从每一个孩子身上看到了一种温柔而坚定的力量。教育之道，为计长远。愿幸福的童年能照亮每个孩子的一生，无论阳光抑或风雨，他们的眼眸里都能有星辉闪动。

教育要"目中有人"

深圳市宝安区福新小学　黄淑灵

一口气读完《加德纳·艺术·多元智能》，猛然惊觉我们陷在应试教育的泥淖里，因为"目中无人"，唯有分数，所以虽心怀善良，却在不经意间摧毁了不少孩子的自信心和求知欲。该书综合了人类学、生理学、发展学等多门学科的研究成果，绽放出关于人类智能本质的理性思索之光，引领着我们走进"目中有人"的教育。

多元智能理论告诉我们要树立积极乐观的学生观，认为人类的智能至少可以分为语言智能、数学逻辑智能、音乐智能、身体运动智能、空间智能、人际智能、自我认知智能和自然认知智能八种。每个孩子都有自己的优势智力领域，有自己的学习类型和方法，学校里不存在"差生"，每个孩子都是各具智力特点、学习类型和发展方向的可造人才。孩子的问题不是聪明与否的问题，而是在哪些方面聪明和怎样聪明的问题。

所以，作为教师，我们要相信每个孩子都是一颗花的种子，只不过每个孩子的花期不同。也许有的种子永远不会开花，那是因为它本来是一棵参天大树。

多元智能理论还告诉我们，受遗传因素和环境因素的影响，儿童之间很早就会表现出兴趣爱好和智能特点的不同。在平时的教育教学当中，我们应当做到因材施教，让更多被我们认为是"智能低下"的孩子获得发展的信心和成才的平台。具有音乐智能的孩子和具有语言智能、数学逻辑智能的孩子无须用同样的评估标准来评价；具有身体运动智能的孩子，就应该给予更多机会让他们在运动场上大展身手……多元智能理论给孩子们带来了福音，但更需要老师、父母来帮助他们发现自己的智能天赋，并抛弃传统的发展观，为他们提供多种多样的智能活动机会，在充分尊重他们发展独特性的同时，保证他们的全面发展。

《加德纳·艺术·多元智能》一书，不仅提供了一种崭新的多元智能理论，而且为从幼儿阶段到高中阶段的孩子的多元智能培养提供了具体的模式。从多彩光谱到艺术推进，本书均有方式方法介绍，认为人人都能成为多元智能培养的实践者、宣传者，这与以往的理论书籍有很大的区别。这种将理论与实践相结合，将观念和操作相融合的做法，给我们学习多元智能理论带来了很大的便利。

"参差多态乃幸福之源。"作为教师，我曾经为孩子的学业成绩不理想焦虑过，为某个孩子与其他孩子有差异烦恼过。现在，一切皆已释然。孩子的分数不是孩子的全部，上帝给每个孩子都安排了适合他自己的生存、生活方式。我们的教育要做到"目中有人"，就要不断发掘孩子的多元智能，促进多元智能的优化组合，使每个孩子都获得发展，最终走上各自幸福的人生之路。

第 二 章

细水微沉吟

个性沟通　高效共育

深圳市宝安区灵芝小学　王小玲

在学生的学习生活中，家校信息高质高效环流，不仅能让班主任和科任老师更了解学生状态，而且能为学生营造更佳的学习环境，以适应学生多样化、特异性发展，还能为学生营造适合其发展的家庭环境，让学生以更好的状态投入学习和生活。为此，我们有必要研究与不同个性家长的沟通方式，以实现有效、高效的沟通。

一、班主任与不同个性家长沟通的价值

随着教育改革的不断深化，班主任要不断梳理学生成长和学习的轨迹，为学生营造个性而多样的成长环境，满足学生的成长偏好，满足家长了解孩子在校表现的需求。另外，家长是孩子成长的直接影响者和参与者，孩子从牙牙学语开始就接受家庭教育，有什么样的家长就会有什么样的孩子，而家校关系的好坏直接影响学校教育的效果。良性的沟通，一是能让家长发现自己的长处和不足，促进家长完善或重构教育孩子的理念和方式；二是能为班主任教育、引导学生提供支持；三是能提升班主任的综合能力。沟通本身需要多维的知识素养支撑，班主任在梳理沟通相关要素的过程中，会不断调整自身理念，不断学习，掌握更多的技能与方法，为自身专业发展注入鲜活的动能。

二、班主任与不同个性类型家长沟通的技巧

教育实践证明，班主任在沟通过程中应始终坚持以促进学生的全面发展为目标，让家长切实感受到班主任对学生的关爱，进而拉近家长、学生、班主任之间的距离。和谐的家校关系、一致的要求与目标，能有效促进学生的全面发展。具体而言，有以下几种家长类型及应对措施。

1. 护短型家长

这一类型的家长通常认为自己的孩子不会犯错或引发问题，问题的发生往往是其他孩子或者老师的原因。与这一类型家长沟通时，班主任不能直接将孩子的错误或者缺点一股脑地说出来，而要先倾听家长对孩子的表述，同时表示认同。比如，老师先说孩子字写得很工整、上课爱回答问题、很有礼貌等，尽量挖掘孩子身上的闪光点，让家长感受到老师对自己的孩子非常了解并且有喜爱之情。在良好的心理铺垫下再告知家长孩子做了什么事情，需要与其合力做好哪些教育，这样家长才容易接受。

有一次，班上的小丁课间因为一件小事与同学打架，小丁爸爸到校获知情况后，一直认为这是不可能发生的事情。他一直强调自己的孩子在家里从来都不会大声说话，更何况是和其他同学打架。为了更好地同这位家长沟通，我首先请他坐下来，将小丁的优点细细描述了一遍，待他冷静下来后，心平气和地告诉他事情的经过，并分析孩子出现这个行为的原因：缺乏自控力，做事好冲动，不懂如何表达自己的意见与想法等。同时，告知家长我的计划——讲道理、教方法、给支持，帮助孩子意识到自己的错误，指导孩子正确并乐于表达自己的需求与情绪，进而避免类似事情再次发生。这样的沟通不仅让小丁爸爸了解了孩子的不足，还让他反思并改进自己的家庭教育方法，同时加深了他对学校、对老师的信任和理解。

2. 放任型家长

这一类型的家长几乎不关注孩子在学校的任何情况，无论孩子表现如何，他们都很少过问，甚至老师上门家访也爱答不理。这种类型的家长不是忙于自己的生计，就是不懂得引导教育孩子，或是持有错误的观点。和忙于生计的家长沟通时，我们应尽可能告知孩子正处在成长发育的关键节点，如

果家长和学校能够联手、目标一致地进行引导，孩子一定会有一个更为美好的未来。我们还可以详细指导家长，鼓励其每天晚上尽可能抽出半个小时和孩子聊天谈话、翻看作业等，还可以将孩子带在自己的身边随时观察、跟进他们的行为。对于不懂引导的家长，我们需要告知他们，近段时间需要做好哪些协助、怎么协助。还可以买些家庭教育方面的书送给他们，如陈鹤琴的《家庭教育》、尼尔森的《正面管教》、魏书生的《好父母好家教》、张文质的《父母改变孩子改变》等。跟持有错误观点的家长沟通时，我们可以将身边持有这种观点的家长的失败案例讲给他们听，强调不经管教不但不能自然直，还很可能导致一系列问题的发生。如果孩子不将精力放在学习上，他的精力很可能就会转移到吃喝玩乐上，一旦养成这个习惯，未来再加以引导教育就未必能够成功了。可以将龙应台的《父母是有有效期的》这篇文章转给家长看，让他们明白此时不管，未来就会失去管教的机会。我们还可以在班级群里分享家长的育儿小故事，组建班级读书小分队，利用家长的力量相互鼓励、相互督促，从别人的故事和阅读中汲取力量、获得方法。

3. 冲动型家长

这一类型的家长很多时候说话和做事较为冲动，不仅会在一定程度上伤害孩子，还有可能影响班级其他孩子的成长和发展。跟这类家长沟通时，班主任要站在学生角度，态度诚恳、以理服人、平静面对。

我刚接手新班的第二天，一位爸爸认为自己的孩子在学校受到了其他同学的欺负，气势汹汹地来到教室，指着那位孩子破口大骂。为了不影响其他孩子，我将家长请到办公室，让家长在办公室坐下先喝杯茶，又马上向两个孩子了解情况，并及时将实际情况告知了家长。孩子的确是在前一天被另一名同学用手抓到了，导致手臂上有一条抓痕。我们先向家长表示歉意，因没有及时了解孩子的情况，教育引导不到位，让孩子受到伤害，同时表明会在平时的教育中加强对孩子们和谐共处、文明表达的引导，并让抓伤同学的孩子向受伤同学道歉。接下来诚恳征询家长对班级管理及孩子个性化引导的需求与建议，用笔认真记录。最后挖掘孩子的优点，夸赞家长的明理，再交流家校合力的着力点，如请他有事第一时间通知老师等。送走家长后，我联系了对方孩子的家长，讲明缘由，并表达希望他能够跟对方通一个电话，带着孩子向对方家长道歉。整个过程处理得平静而有序，家长也欣然接受了这个处理结果，最后两位家长竟成了好朋友。

三、沟通常用语

在与家长沟通的过程中，我们还要注意措辞。下面是我经常用到的一些沟通用语，在拉近老师与家长之间的关系方面有明显的效果。

孩子最近表现很好、很开心，有几个地方我们要稍稍注意一下，相信他的进步会更大。

不要着急，孩子都是从犯错中成长起来的，我们与他一起努力。

有什么事情我能帮上忙吗？

您有什么好的建议都可以提出来，我们的目的只有一个，就是让孩子更健康地成长。

孩子之间发生的矛盾，就试着让他们自己去解决吧，一转身，他们两个就又好啦，我们小时候不也是这样吗？

我们家小画家小乔太可爱啦，我好喜欢她。

很抱歉，没照顾好孩子，让孩子受伤了。

小家伙真是个善良有爱的宝宝，处处替别人着想，爸爸妈妈一定也是这样的人。

您家就是一个充满爱的温暖居所，熏陶出一个如此宽容柔软的孩子，我们大家都好喜欢他。

我们家笑笑虽然暂时成绩平平，但是因为他的努力，加上有爱有方法的爸爸妈妈，他未来一定是个出彩的娃……

四、结语

沟通过程中，我们除了要表达倾听兴趣、专注倾听外，还需要换位思考，认同感受，聚焦目标，控制好情绪，关注家长的不同个性，立足学生实际，以学生发展为中心，搭建优质沟通渠道，增强教育合力，达成教育目标。

山水清音何潺潺
：：林苒名师工作室德育共建研究实践

参考文献

［1］张翠萍.浅谈在小学班主任管理工作中开展家校共育的策略［J］.天天爱科学（教育前沿），2021（6）：139-140.

［2］李哲丰.沟通艺术在小学班主任管理工作中的应用［J］.家长，2021（11）：40-41.

让德育浸润孩子的心灵

——谈谈对德育回归生活的几点思考

深圳市宝安区灵芝小学　田　薇

我国教育家陶行知先生指出："生活即教育""教、学、做合一""为生活而教育"。然而传统模式下的德育课教学仍主要依靠教师的灌输教育，以常规德育工作的开展和完成上级布置的德育工作任务为教育方式与目标，停留在粗浅和表象化的层面。整个过程往往重知识轻能力、重认知轻情感、重结构轻创新，忽视了青少年学生特殊的学习心理特点，缺少"细雨化育、润物无声"的过程。那究竟怎样才能提高德育的实效性？怎样才能让德育真正走进孩子的心灵呢？中央教科所所长朱小蔓教授打过一个非常恰当的比喻：德育是"盐"，人不吃盐不行，但也不能单纯吃盐，而必须将盐溶解在各种食物当中，然后吸收；我们在吸收盐的时候，是看不见盐本身的，因为盐已经融入各种食物之中，最后很自然地进入人体内。德育也应该如此，它也应该自然而然地融入其他教育之中。正如中国人民大学教育学院的项贤明教授所指出的：德育的根本出路是回归生活。

一、德育教育观的生活化

在传统的德育中，德育工作者往往居高临下，扮演着道德法官的角色，这样很容易引发学生的逆反心理。因此，我们要倡导德育工作者放下"为师"的架子，摈弃专制，发扬民主，消除师生之间的心理距离，力求用高尚的品行去感染学生，用美好的心灵去塑造学生；注意"从我做起""从小事做起"，力求让自身的每一细小言行都成为学生的榜样，要求学生做到的自己先要做到。比如，我们要求学生见到纸屑要主动捡起，那么我们自己先要做到。在德育过程中，教师应尽可能与学生共同学习、探讨和研究，本着民主平等的原则，俯下身和学生进行心与心的交流，成为与学生共同探讨真理的伙伴，真正实现教育的民主。

二、德育目标的生活化

由于管理机制、文化等，在教育实践中，德育管理者往往以具体的数字指标来衡量德育的成效，甚至以此作为管理的唯一内容。例如，以青少年犯罪率降低多少来衡量学校德育工作的效率，以获得多少先进单位的荣誉称号或竞赛成绩来衡量学校德育工作的成效。这些固然是学校德育工作取得成效的体现，但如果把这些看作德育工作的全部，就会使一些教育工作者过分强调这些数字的增减，而忽视对学生个性品质的培养，德育工作就会只强调有问题的学生或者成绩好的学生，而忽视其他学生的成长，毕竟这些数据不足以说明所有学生在品德方面的发展。所以，要真正秉承"以人为本"的工作理念，在确定德育目标时就要努力做到"三个关注"：①关注并引导学生的日常生活方式和生活习惯；②引入心理教育内容，关注学生的心理健康；③关注并指导学生的学习和交往活动。学生在现实生活中的烦恼、困惑与困难，就是我们教育工作的方向。德育的目标只有直面学生的现实生活，与学生的生活实际联系起来，才能使学生在生活中得到具体的、有效的道德训练，并在这种训练中发展道德智慧，为成为未来社会的合格公民奠定基础。

三、德育方式的生活化

传统的学校德育途径单一，无非是通过思想品德课、班队活动课、晨会课等方式进行思想教育。这些方式已远远跟不上时代前进的步伐。在信息技术高速发展的今天，学生接收信息的来源很多，我们既要利用传统的德育方式，又要挖掘德育的新途径。

1. 重视环境的熏陶作用

要重视环境育人。学校的一草一木，精心布置的长廊，构思巧妙的板报，富有教育意义的宣传图片、资料等，都能起到潜移默化的教育作用。学校要着力优化校园环境，营造健康的舆论环境以及建立积极向上、勤奋进取、热爱集体、团结友爱的学校生活环境，发挥环境的人文教育作用，使学生有效地利用校园环境进行自我教育。

2. 建立家庭、学校、社会三位一体的德育网络

学生的健康成长离不开家庭、学校、社会这三个方面的教育，需要三个方面齐抓共管。学校德育只有力争社会化、生活化，与社会教育、家庭教育紧密结合，三者共同协调，形成合力，才能达到预期的效果，才能为学生的成长营造健康良好的教育环境，提高学生的道德认识，增强学生的道德情操，提高学生的道德水平。

3. 发挥信息技术的作用

网络社会已经悄然而至，网络已经深入人心。网络社会、信息时代的开放性、共享性、多元性，为学生提供了自我教育的新途径，同时为我们提出了德育的新课题。我们应该加强网络管理，为学生营造良好的网络环境，引导学生分辨是非好坏，提高道德辨识能力。

四、注重体验，回归生活

1. 在体验中感受德育的真与实

传统的德育教学将道德等同于一般的学科知识进行传授，教学内容脱离了学生的现实生活，局限于书本。然而，学生的世界是精彩的，如果学生所经历的书本世界无法与周遭的生活世界自然地沟通起来，未能真正对学生产生影响，那么德育教学就无法真正触及学生的内心，我们的德育课堂就会是"空"和"虚"的。因此，在学校德育主题活动中，要挖掘生活中的资源，与学生的生活相联系，始终坚持以学生为主角，适时引导学生在活动体验中走向知、情、意、行的统一，充分发挥学生的主观能动性。因为只有让学生真正感受到所学习的内容是他想要知道的或想要解决的问题时，他才会积极主动地学习。例如，我校组织的"爱心涌动"义卖活动，孩子们自己学习《中华人民共和国消费者权益保护法》等相关知识，扮演导购员、售货员、出纳、保安等。学生通过角色扮演来体验生活，体验各种职业的困难和

乐趣，并把义卖获得的钱捐给手拉手学校，从而融入现实生活中。这样的主题活动深受学生欢迎，同时通过这种形式学生获得的体验也是深刻的、具体的、真实的、实用的，这样的德育才是有效的。

2. 在体验中感知德育的情与理

人的精神世界之所以丰富，是因为情感起着重要的作用。一个感情冷漠的人，是不会也不可能有高尚的道德情操的。因此，德育必须让学生用心去经历，用心去体验，体验生活的酸甜苦辣，体验人生的美好与艰辛，体验他人的奋斗与幸福，从而真正丰富学生的内心世界，丰富学生的情感世界，让学生的心灵变得敏感起来、细腻起来。例如，在我校"弘扬中华美德，感受母爱亲情"活动中，教师把课堂变成分享会，请学生讲自己家的故事，共同欣赏学生带来的家庭生活录像，组织观看家庭生活图片展。更特别的是，教师还邀请学生的妈妈们来到教室，举行了"母亲的味道"品尝会活动。活动中，孩子们迫不及待地打开妈妈们带来的食物，招呼着同学们品尝："我妈做的这道菜最好吃了！""这是我妈妈自己烤的蛋糕，超赞！""我妈最厉害了，瞧，她会做蛋卷！"……在这一过程中，教师没有说教，只是把握了学生的生活世界，找准了学生的情感源，让学生在交流中体验，在体验中感悟，使他们的情感产生了共鸣，心灵得到了触动。

3. 在体验中感悟德育的广与博

在传统的德育教学中，学生的视界往往禁锢于教材、定格在课堂中，不允许出现任何偏差，使得教学进入一片荒芜的境地。德育新课堂将不再是纯粹的道德规范、道德知识的"讲解分析""传递接受"的理性学习，而是一个动态转化和生成的过程。教学内容是纵向延伸、横向拓展、多方扩散的，这会使德育课堂更为广博。例如，我校举行的"九九重阳践行孝道"活动，从情景剧与古代重阳诗歌的表演开始，以"灵芝国"集市穿越体验为主。在"灵芝国"的集市上，班与班的限制被打破，师生间的关系隔阂被消除，不同班级的学生可以去不同的集市购买物品，"武大郎烧饼店""米老头米饼店""口水花生""百果园""糍粑屋""麦芽糖"等摊位等着他们来消费，也可以去"茶馆"免费喝一杯解暑菊花茶，到"聚贤阁"与各位英豪一决棋艺；若出现买卖上的异议，还有公正威武的衙门大人来处理。在这里，老师和学生都是"灵芝国"的国民，平等又亲切，一同参与、一同探索，操场仿佛真的变成了古代的一个繁荣集市，每一个集市的老板都穿着古代服饰等待着客人的到来，或是衣裙飘飘的古代淑女，或是英姿飒爽的书生……这就是让学生体验生活的典型例子，这种教育是生命在场的教育，学生在亲历中感悟的道理是深入心灵的，这才是有效的、充满生命活力的德育。

　　总之，回归生活是小学德育的必然选择。离开生活实际，德育便成为无源之水、无本之木。关注生活，注重人在生活中的动态生成过程，是德育对人的主体地位的认可和对生命的尊重。关注生活，德育才能真正走进学生的心灵，拨动学生生命的"情弦"。关注生活，德育方可绿意盎然、生机无限。

参考文献

［1］高德胜.生活德育论［M］.北京：人民出版社，2005.

［2］曾春燕.生活德育的土壤——德育生活化途径探索［J］.读写算（教研版），2013（6）：220.

第二章　细水微沉吟

如花在野

深圳市宝安区灵芝小学　蔡广丽

点点野花在风中摇曳，形形色色，各自美丽，各有风骨。这一年的插花工作，让我真正体验到了"一花一世界，一叶一天堂"的美丽。在我看来，家庭教育如同花艺。家庭教育最理想的状态，便是家长如花艺师般关注每个孩子最美的状态，让每个孩子都"如花在野"吧！

高普尼克在《园丁与木匠》一书中说："从进化论的视角来看，学习、发明、创造乃至传承、文化道德等人类独有的能力都是在亲子关系中萌芽，这些能力是人类与其他物种的最大区别，可以说亲子关系让我们成为真正的人类。"《礼记·大学》中亦言："其家不可教，而能教人者，无之。"这些都告诉我们家庭教育的重要性。

赏花。人类本性中最迫切的需求就是渴望被肯定。例如，田中昭光的《如花在野》一书中说，或摇曳生姿，或清爽宜人，或花或叶，都充溢着最原始的美丽的力量，都能带来幸福和感动。家长一方面要善于研究自己的孩子，以帮助他们张扬个性、发挥潜能；另一方面要用审美的眼光去审视孩子，挖掘其价值，扬长避短，拓展其发展空间，促进其健康发展，尽自己所能，让其傲然绽放。

率花。宋庆龄说过："在一个人的身上留下不可磨灭的印记的是家庭。"作为家长，想让孩子信服，就必须在一言一行中给孩子做出表率。我们经常能在孩子身上发现家长的模样，除了遗传基因的影响之外，最关键的还是家长的言谈举止对孩子的影响，这就是榜样的作用。因此，家长应该注意在孩子面前展现积极的精神、高尚的情操、优秀的品质。遇到优秀的家长，才真是孩子一生的福气。

伴花。曾经有个人告诉我，当我们伴在花旁，不断地关注它、相信它、鼓励它，花儿可以感受到我们的力量，从而更灿烂地成长。花儿尚且如此，人就更加不言而喻了。陪伴孩子是父母不可推卸的责任，孩子的良好品质不是只从书上习得，更来自父母的言传身教、以身作则。所以，希望家长们无论多忙，都抽出时间陪伴孩子，给予孩子爱的营养。

容花。花的种类繁多，要做到颜色和谐、各有灿烂，又统一协调，就必须宽容每一朵"花"，寻找每一朵"花"的最佳状态。古话说："人非圣贤，孰能无过。"家长要以宽容的态度对待孩子，要尊重孩子的人格，以换取他们的安全感及信任，如此他们自然会不抗不惧，向我们打开心扉。

修花。一个好的园丁一定是舍得修剪花枝的，剪掉不恰当的地方，留下最美的部分。在家庭教育中，家长的角色不也类似园丁吗？每个孩子的个体差异很大，家长首先要看到孩子的闪光点，从其优秀方面入手导出缺点，这样孩子才愿意接受教诲，弥补不足。家长要相信，好孩子是夸出来的。

插花。花艺师在插花时必须考虑花与花的颜色搭配是否美观；其他花是否可以衬托出主花的特色；每一枝花是否是它最美的姿态，就如在原野上开放；花儿是否以形传神、形神兼备、以情动人。家长在孩子的教育方面也要像花艺师这样，考虑到孩子的个性化成长；考虑到孩子兴趣爱好的发展；考虑到什么为主，什么为辅；考虑到如何发挥孩子的优势及长处，如何修正孩子的短处，从而培养出德才兼备的好孩子。

家长要像园丁、像花艺师，给孩子打造一个适宜其生长的生态环境，有阳光、雨露、空气、土壤，让每个孩子都能绽放最美的自己，如花在野。

第二章 细水微沉吟

也谈教育惩戒

深圳市宝安区灵芝小学　　王小玲

　　舒天丹说过："教育孩子如育花，精心浇水、施肥、呵护，方能成功。但事实上并不是所有人都能养好花，不懂的就要向别人请教，学习养花的经验与艺术。"成功的教育，往往是需要关爱、尊重、理解及包容的，但我们面对的学生是一个个鲜活的个体，其个性各异，生活经历与背景各不相同，所以就一些比较特殊的情况来说，仅仅靠"赏识教育""激励教育"是远远不够的，也需要有"教育惩戒"，适度的惩戒可以帮助孩子健康成长。

　　但在当前的教育中，大家最忌讳的就是关于"教育惩戒"的问题。惩戒教育，一般都被视为教育的"高压防线"，无人敢轻易触碰和打破，都担心稍不留神就被冠以"体罚学生""惩罚学生"的头衔，而这往往会纵容孩子们重复且不负责任地犯错的行为。难道当孩子犯了错误，我们要就此了之？难道就不该给他点"颜色"和"苦头"尝尝？惩戒不等于体罚，更不是那些不合法的变相惩罚，相反，合理的惩戒是合法的。教育家马卡连柯就说过"合理的惩戒是合法且必需的"，在最讲究民主法治的英国、美国等教育先进的国家，教育惩戒也是合法合理的。英国曾于1986年立法禁止体罚，但在《2006教育与督学法》（Education and Inspections Act 2006）中却增加了教师及其他教职工使用"合理武力"（reasonable force）防止学生实施犯罪行为，制止犯罪、破坏或干扰的权利。[1]但是，现今大部分校园里却出现了不敢管的

① 余雅风，蔡海龙. 论学校惩戒权及其法律规制 [J]. 教育学报，2009（1）：69-75.

局面，正如石家庄第二中学校长邵喜珍所言："由于片面强调赏识、尊重、以人为本的教育，导致了社会、学校、家庭对孩子形成一种畸形的保护，学生犯了错误老师现在根本就不敢管。"①

的确，对于邵喜珍校长所说的这种情况，我也深有体会。众所周知，如今的孩子从小就被家人像公主、王子般对待，集万千宠爱于一身，被呵护着、包围着，小小年纪却养尊处优，吃不得一点儿苦。所以，在与其他孩子相处的过程中，如发生一点儿小矛盾或者小插曲（如抢玩具，课间玩闹不小心推搡致同学跌倒），大部分孩子只会推卸责任，抑或将东西肆意砸向身边的人以泄愤。很明显，这些孩子还不懂得宽容和体谅他人，不懂得从自己身上寻找原因，更不懂得为自己的错误埋单，不愿意承担责任。

因此，教育惩戒是一种不可或缺的教育手段。从教育学角度来说，惩戒是指通过对学生不规范的行为施以否定性的制裁，从而避免其再次发生，以促进和规范行为的产生与巩固的一种教育措施或手段。②而本文所指的"教育惩戒"其实是一种更为博大的爱，不是采用武力手段打骂学生，也不是变相地体罚学生，而主张"惩戒"的目的是通过"惩"达到"戒"。为了让孩子不再重复犯错，懂得引以为戒，最重要的是让他们学会承担责任，培养其责任感。

那么，"惩戒"的前提是什么？"惩戒"的最佳时机是什么时候？何种"惩戒"手段是适度的？我认为可以从以下几点展开来谈。

1. 实施教育惩戒的前提条件

实施教育惩戒的前提条件首先是学生不良行为的发生。对于小学生来说，被列入"惩戒行为"范围的通常包括：违反校规班规或者违反考勤制度、对他人进行人身攻击（打架、斗殴、辱骂）、损坏他人或者学校的财物、带违禁品进入校园等。

---

① 邵喜珍代表忧心下一代成为"宠坏的一代". http://news. qq. com/a/20070304/000243. htm.
② 余雅风，蔡海龙. 论学校惩戒权及其法律规制［J］. 教育学报，2009（1）：69-75.

2. 教育惩戒的最佳时机

所谓教育惩戒的最佳时机，其实就是孩子刚刚犯错误的时候，此时我们辅以适当的惩戒是必要的，因为这是不可错失的教育良机。常言道："勿以恶小而为之，勿以善小而不为。"不要以为小孩子犯的错就不是错，如迟到、早退、打架等，这些都不是小问题。所以，当发现孩子犯错误时，首先要马上制止，正所谓"有言在先，挨打不冤"；其次要弄清事情的前因后果，确保没有断错案；最后要让孩子认识到自己的错误，明白被制止的原因。

3. 正确把握教育惩戒的度

教育惩戒是一把双刃剑，在实施的过程中如未能正确把握惩戒的度，就会很容易逾越"高压防线"。教育家马卡连柯曾说："正确的、有目的地使用惩戒是非常重要的，但是笨拙、不合理、机械地运用惩戒会使我们的一切工作受损失。"[1]当前的教育惩戒也有使用不当的案例，例如，让犯错的学生在教室外罚站，当着全班同学的面大声斥责犯错的学生，鼓动全班同学孤立犯错的学生，等等。这些都是不可取的极端做法，既伤害了学生的身心健康，也完全达不到"戒"的目的——教化。当然，也有"惩戒"不到位的案例，例如，轻描淡写地进行口头警告、光说不练的惩罚，无视学生的不良行为，等等。这些手段都是达不到教化的目的的，也属于无用功，不利于学生的身心健康发展。

所以，正确把握教育惩戒的度是非常重要的，而惩戒的度是建立在公正基础之上的。就这方面来说，班规的制定起到了主要的作用。班规可由全班学生一起制定，要秉持"公正、阳光、清晰"的原则，将违规行为与所对应的惩罚对号入座，最终要通过班主任的审核方能实行。因为班规是由师生共同制定的，所以惩戒的度是能被大家接受和认可的，比较有说服力和执行力。值得注意的是，老师也要算入其中，即老师如果违规也必须接受惩罚。正所谓"师生平等"，为人师表，要起到表率的作用，如此才能让学生信服。

---

① 鲁红丽.如何科学有效地运用教育惩戒［J］.教育，2015（23）：69.

4. 衡量教育惩戒好坏的标准

教育惩戒，表面上是惩罚孩子，其实是在教化他们，帮助他们纠正自己的错误，并从中吸取教训。好的教育惩戒是能够让学生从中受益的，相信教育者们对陶行知先生"四颗糖"的故事都很熟悉。当年陶行知先生在一所小学担任校长一职，某日他刚好看见一男孩将泥巴砸向一名同学，他立马上前制止了这个男孩的行为，并让男孩放学后去办公室找他。于是，放学后男孩乖乖地留在了办公室，等待校长的"审判"。很意外，校长并没有责罚他，反而奖励了四颗糖给他，因为校长已经将事情的原委调查清楚了，他明白学生打人是不对的，但是他并没有对学生破口大骂，而是及时制止学生，并对学生进行了"惩罚"——留堂谈话，最后还公平地评价了学生的行为，奖励了学生四颗糖。相信这件事之后，那位学生肯定能从中吸取教训，领悟到校长的良苦用心。

所以，在我们的日常教育中，类似"四颗糖"这样的教育惩戒是很有必要的。我们要秉持让学生认识错误、改正错误，并从中吸取教训的原则实施惩戒，以达到教化学生，帮助学生身心健康发展的目的。

由上述内容可知，当前的教育中不但要有"赏识教育""激励教育"，而且要有"教育惩戒"。因为我们要培育的不是温室里的娇花，而是能迎接风雨、等待彩虹盛开的铿锵玫瑰。正如林清玄在《桃花心木》一文中所说："在不确定中生活的人，能比较经得起生活的考验，会锻炼出一颗独立自主的心。在不确定中就能学会把很少的养分转化为巨大的能量，努力生长。"作为教师，我们不能永远陪伴孩子们成长，我们就是希望通过"教"达到"不教"的目的，从而做到真正放手。

第二章 细水微沉吟

唤醒学生的潜能

深圳市宝安区灵芝小学　钟　颖

　　作为一名班主任，我的教育观是教育就是要用教师的智慧来唤醒学生的潜能，并且力求"把班级还给学生"，让每个学生在自主活动中培养自我教育的能力。我理想中的班级是这样的：学生能更加积极地参与班级活动，能在活动中和课堂上主动发表自己的观点；教师与学生关系融洽，学生喜欢对老师说出自己的心里话；部分学生能够自主设计和主持班级主题活动与班会，在活动中发扬主人翁精神；班级环境布置生动活泼、新颖，各具特色；学生精神状态好，经常表现出愉快轻松的心情。

　　一（2）班里的每一个孩子都是一片独特的、蕴藏着巨大潜能的小叶子，他们形状各异，但都凝聚在一（2）班这棵新生的大树上，这棵大树稳健地扎根在有爱的灵芝土地上。教师就像这棵大树的根基，以"爱"与"诚"来呵护每一片小叶子，让他们在这棵大树的保护下，接受阳光的温暖和风雨的洗礼，焕发出各自的生命力，追求美好的人生理想。这些小叶子正在茁壮成长，他们需要的不是老师帮助他们飞翔，而是一双翅膀。

　　"天生其人必有才，天生其才必有用"，这句话放在教育事业上是值得认真推敲的。有一些学习优秀的学生，以优秀成绩实现了自己的愿望，在学习上得到了表现自己的机会，这会促进他们更加勤奋、上进，巩固已有的成绩。而成绩比较落后的学生，在学习上不能获得成功，愿望不能实现，心理上就会出现消极因素，这时他们需要从其他方面寻找表现的机会。因此，作为班主任，一定要全面了解、善于发现，把学生的积极性引导到正确的方向上来，并以此作为突破口，促进学生全面进步。

所有的孩子都是潜能生。苏霍姆林斯基说："没有任何才能的人是没有的。"日本心理学家多湖辉说："在每个孩子身上都蕴藏着巨大的不可替代的潜能，每个孩子都是天才，宇宙的潜能隐藏在每个孩子心中。"罗杰斯的人本主义学习理论认为：人类生来就有学习的潜能，人天生就对世界充满好奇心。所以，我们不应该决定每个学生飞翔的方向，而是要提供给他们飞翔的翅膀，让他们学会自主管理，发现自己的优点，感受自己的进步。

为学生插上飞翔的翅膀，首先，要给学生创造广阔的空间，让学生主动参与班级活动。要在班级为学生的发展创造一个良好的环境，尊重、理解他们，宽厚真诚地对待他们，鼓励他们独立思考，敢想敢说，质疑问难，有自己的主见。其次，要让每个学生了解自己的特点，要将"英雄必有用武之地"的观点体现在班级管理理念中。在一次总结班会上，我班学生得出了这样的结论：要有自信心，它是人生成功的秘诀；要有好胜心，它是人生成功的动力；要有责任心，它是人生成功的保证。这就是我们教师应该为学生提供的理念翅膀，让学生具备自主能力，成为班级的主人，成为他们人生的主人。

第二章 细水微沉吟

浅谈如何对小学生进行德育教育

深圳市宝安区灵芝小学　蔡梅

在学校德育教学工作中，教师是重要组成部分。教师的政治观点、品德修养、治学态度，甚至言语、仪表、为人处世的态度等，都会对学生产生潜移默化的影响。教师在人类社会的发展过程中，发挥着重要的作用，身教胜于言教。教师要用美好的人生理想和信念去启迪学生，用纯洁的品行去感染学生，用美好的心灵去塑造学生。教师要从我做起，从小事做起，使自己的每一个细小言行都成为学生的榜样。那么，作为小学班主任，我们应该怎样对小学生进行德育教育呢？我认为应该做好以下几个方面。

一、教师要有良好的道德修养

俗话说："什么样的老师就会教出什么样的学生。"在幼儿园和小学阶段，教师就是学生心目中的偶像。教师想让学生成为诚实正直的人，自己首先就要是诚实正直的人。做教师必须为人师表，身先士卒。孔子说："其身正，不令则行，其身不正，虽令不从。"苏霍姆林斯基说："每个孩子的内心深处都有他自己的一根弦，发出自己的调子。因此，要想让那颗心与我的话相呼应，就得使我自己能合上这根弦的调门。"在教学过程中，教师要严格要求自己，因为教师的一举一动都潜移默化地影响着学生。在学生的思想品德教育中，教师起着主导作用，学生学什么、怎样学都有赖于教师的指导，所以教师在思想、仪表、为人处世等方面必须起到表率作用，树立正确的人生观与价值观，给学生以有益的指导。

二、使每个学生都树立自己的理想

在班级中开展"认识自我"一课，教师在"手指大碰撞""我是谁""选图片知性格""生涯测试"等活动中，结合小学生的认知特点，让学生认识到在世界上我们每一个人都是独一无二的，都有自己的优点和不足，我们要用客观的心态看待自己、悦纳自己。性格的差异，在某种程度上决定着人们的职业选择。从小让学生知道自己的性格特征，为自己的理想而努力，做到有目标，就可以扬长避短。比如，小到让学生思考明天想要有什么变化与进步，大到让学生思考20年后的自己将过怎样的生活，让学生从小学开始就思考自己未来的人生，这样可以增强学生学习的自觉性和主动性，使班上的每个学生都能过上有目标的学校生活。

三、使学生在生活中养成良好的品德

生活就是最好的教材，生活就是最好的教育基地。所以，除了利用现行的教材（如语文、数学、思想品德等学科素材）对学生进行思想品德教育外，组织学生用自己的眼睛去发现生活中的大事、小事、新闻与案例等，进行每周一次的调研与讨论活动，让学生明白懂得感恩、诚实守信、尊老爱幼、知行合一等品德的重要性，也是十分必要的。

四、以榜样示范教育学生

小学生最喜欢模仿和崇拜某些人物，周围人的言行对他们有着很大的影响。教师除了以身作则外，还要利用网络媒体资源和电视资源中的模范人物对学生进行思想品德教育，以此来提醒、激励学生规范他们的行为，培养良好的品质。思想品德教育是将学生培养成社会主义建设者和接班人不可或缺的重要工作。在德育教学工作中，教师还要通过更多活动来影响学生，使他们成为新时代的有用之才。德育是素质教育的核心，全面扎实地实施素质教育，必须加强德育教育，让学生学会做人，这是教师的重要职责之一。而对于做人，道德是基础、核心条件。

五、开展丰富多彩的活动，寓教于乐

小学生认知能力强、活泼好动、好奇心强，但行为缺乏持久性和稳定性。根据这一特点，班主任要改革教育工作的传统模式，把空洞的说教、呆板的灌输转变为丰富多彩的活动。例如，开展以"五讲四美三热爱"为主题的"诗歌朗诵会""故事比赛"等，调动学生自觉学习好人好事，自觉形成良好行为习惯的积极性。在进行以上活动的同时，加强活动的宣传，及时表扬好人好事，批评不良行为，宣传名人事迹，对活动起到促进作用。针对小学生的道德行为缺乏持久稳定性的特点，教师可以开展"我是祖国好少年"竞赛，学期初提出竞赛要求，鼓励学生积极参加，期末进行评比、奖励。竞赛范围涉及学生的学习、生活、纪律、卫生、人际关系、尊师敬老等方面。通过此项活动，可以全方位调动学生进行自我教育，自觉形成良好行为习惯的积极性、持久性，使德育工作更加深入、全面、有效。

六、选择恰当的方法和途径，因材施教

为了做好德育教育工作，在确定教育内容之后，还必须通过有效的途径、采取恰当的方法去落实，因为方法和途径是实现德育目标的有效手段。德育方法主要有说服教育、榜样示范、情感陶冶、自我教育、实际锻炼、品德评价等，教育途径主要有课堂教学、主题班会、团队活动、社会实践等。教师不仅要掌握过硬的理论知识，还要因材施教。

七、家庭、社会、学校齐抓共管，共架德育立交桥

要让学校德育教育走出学校，融入社会，同时把家庭教育和社会教育请进校园，如定期召开家长会，针对学生在学校、家庭中的表现进行反馈交流，使学校教育和家庭教育形成合力，以增强德育的效果。又如，在假期布置可行的德育工作，以保证德育工作的持续、有效、深入，以此促进德育工作顺利进行。

总之，德育是培养学生的一项重要工作。它既需要我们用一句句实话、一件件实事去打动、影响学生，又需要我们开动脑筋，采取积极有效的措施

去帮助、教育学生。我们要抓住每个机会，对学生进行德育教育。对学生进行德育教育是素质教育的核心，是每位班主任乃至教师必须做好的工作，是我们永无止境的追求。"随风潜入夜，润物细无声"，德育工作是一项没有终点、意义深远的工作，需要科任老师、家庭、班主任的积极配合。让我们齐心协力，共同做好学生的德育工作，为国家培养出一批又一批合格公民和栋梁之材。

皮格马利翁效应启示

——播下赞美和期待的种子
［一（2）班潜能生的关爱和帮扶］

深圳市宝安区灵芝小学　张　萍

皮格马利翁是古希腊罗马神话中塞浦路斯的一位王子。他用象牙雕刻了一位美女，雕刻时倾注了全部的精力和热情，雕成后爱不释手，每天都会含情脉脉地凝视着她。日久天长，奇迹发生了，雕像变成了一位亭亭玉立、婀娜多姿的少女，并成为他的妻子。皮格马利翁效应告诉我们，赞美、信任和期待有一种积极暗示的作用。"它能改变人的行为，当一个人获得另一个人的信任、赞美时，他便感觉获得了社会支持，从而增强了自我价值，变得自信、自尊，获得一种积极向上的动力，并尽力达到对方的期待。"[1]受皮格马利翁效应的启发，笔者以赞美和期待为核心，秉承以爱之名、以人为本的理念，对班里的潜能生进行积极引导，希望借此为他们插上腾飞的翅膀。

一、以爱之名，捕捉学生身上的闪光点，增强学生的自信心和自尊心

夏丏尊先生说过："教育之没有情感，没有爱，如同池塘没有水一样。

---

① 王鉴. 班级心理学［M］. 北京：北京师范大学出版社，2014.

没有水，就不成其池塘，没有爱就没有教育。"①爱是教育的润滑剂，一个充满爱的班级，可以为每个孩子提供茁壮成长的精神土壤，让孩子看到一个色彩斑斓的美丽世界，让孩子真正领会大自然的恩惠，读懂每一片绿叶、每一朵彩云、每一个浪花。但正如世界上没有两片完全相同的叶子，班级里每个孩子的个性和特点也都不尽相同。并不是每个孩子都是小学霸、小歌手或小画家，有的孩子在学业成绩、日常表现或者行为习惯上表现得不尽如人意，在班集体中显得"默默无闻"，容易被同学和老师忽视。长期的边缘化会使学生的学习和日常表现变得更差，如此恶性循环也容易导致班级管理陷入困境，使学生的自信心和自尊心受到严重挫伤。

心理学家威廉·詹姆斯说过："人性最深切的渴望就是获得他人的赞赏，这是人类之所以有别于动物的地方。"作为一名班主任，笔者认为要让潜能生感受到老师和班集体的关爱，就要用真诚的关怀和鼓励去叩响他们的心灵之门；利用集体的力量让潜能生感受到班集体对他们的"期待值"，引导他们树立"我能行！我很棒"的自信心；开展帮扶小组活动，让小组成员相互扶持、互为榜样，发现彼此身上的闪光点。教师要树立"一碗水端平"的公平意识，发掘每一位学生身上的成长点，对于不同家庭、不同个性、不同特长的学生，都给予充分接纳与肯定，给予每一位学生均等的发展机会。比如，在课堂上不要仅仅盯着优等生，应该多给后进生创造条件，鼓励他们举手发言，并及时给予肯定、奖励，使他们也能自信地面对学习。教师课外要多与家长联系，争取家校联合，为学生创造一个良好的学习环境，同时促进班级的整体发展。

二、以人为本，在班级激励中融入心理契约方法，制定切实可行的转化目标

苏霍姆林斯基曾感叹："从我手里经过的学生成千上万，奇怪的是，留给我印象最深的并不是无可挑剔的模范生，而是别具特点、与众不同的孩

① 王镍. 走近名著［M］. 济南：济南出版社，2006.

子。"这种教育的反差反映出对潜能生进行关爱和帮扶的重要性与必要性。面对潜能生，教师在播下赞美和期待的种子的同时，需要在班级激励中融入心理契约的方法，并以此为基点制定切实可行的转化目标。班级激励中的心理契约就是"班主任把激励转化为对学生的一种心理期待以及学生表达的一种主观承诺"①。这取代了班主任管理班级的主观性，以师生的平等对话取代了班主任的话语霸权，体现了挖掘学生发展潜能的以人为本的管理思想。

"一把钥匙开一把锁"，班主任首先要认识到学生的差异性，要明确潜能生发展的个性需求，对不同的学生采用不同的激励策略，调动其学习的积极性，同时要让潜能生了解班集体和老师对他们的期待与要求。其次，班主任要与潜能生不断沟通，在激励契约建立的过程中形成师生的良性互动，在交流沟通中制定一个个转化目标。最后，要实现"柔情管理"，避免不可预见的消极因素给已有的心理契约带来消极影响。比如，在我的班级里，叶同学是一个有行为障碍的孩子，在课堂和课后活动中都不能像正常孩子一样控制自己的言行，一定程度上影响了班级的良性管理。我以包容为基础，积极引导班集体对其采取宽容和理解的态度，并与其父母保持良性互动。我一方面使叶同学父母对此引起重视，让叶同学接受必要的感情教育和药物治疗；另一方面通过家校合作形成一致的激励心理契约，利用叶同学对画画和乐高机器人的热爱，从细致的行为规定入手，一步一步引导他走向正轨。

三、小结

潜能生的转化不是一帆风顺、一蹴而就的。每个孩子都是一朵与众不同的花儿，都有其成长的自然规律，在发展的不同阶段表现出来的特征也不尽相同。在皮格马利翁效应的启示下，教师要相信每个孩子都有开花结果的潜能，要慢慢培养，润物无声。

---

① 陆海富.班主任班级管理的艺术［M］.哈尔滨：北方文艺出版社，2008.

关爱学生

深圳市宝安区灵芝小学　陈闰曼

苏霍姆林斯基说过："要像对待荷叶上的露珠一样小心翼翼地保护学生幼小的心灵，晶莹透亮的露珠是美丽可爱的，但却十分脆弱，一不小心，就会滚落破碎，不复存在，学生的心灵，如同脆弱的露珠，需要老师的加倍呵护。"关爱学生在班级管理中尤为重要。班主任在班级管理中是灵魂人物，班级是学校的基本单位，它是由各个学科教师与一定数量的学生共同组成的，其根本目的是让学生全面发展，充分发掘自身的潜质。班主任不仅要做到"传道、授业、解惑"，而且要让学生"亲其师，信其道"。为了呵护学生幼小稚嫩的心灵并让其健康发展，班主任要率先垂范，以身作则，真诚地关爱每一位学生。

在推行素质教育的今天，班主任要创建良好的班级人际关系和平等和谐的班级氛围，让班级形成积极向上的班风、学风，促进学生心理健康发展。"关爱学生"是班级管理的灵丹妙药，它能使班集体形成轻松愉悦的氛围，是班主任做好班级管理工作的前提和根本。

一、关爱学生，建立良好的人际关系

班级中的人际关系包括师生关系、学生之间的关系以及小群体之间的关系。关爱学生可以拉近师生间的心理距离，是师生心灵沟通的重要桥梁。在日常教学活动中，班主任应给予学生更多的关爱，不仅要关心学生的学习动态，更要关心学生的心理发展动态；不仅要重视整个班级的学习氛围，还要

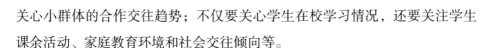

关心小群体的合作交往趋势；不仅要关心学生在校学习情况，还要关注学生课余活动、家庭教育环境和社会交往倾向等。

班主任关爱学生有助于建立良好的班级人际关系和良好的心理氛围，使班级中教师和学生之间、同学之间真诚地对待对方，关心信任对方，彼此间分享快乐、分担忧愁。学生在充满正能量的班级中成长，必将向着积极向上、阳光乐观的方向发展。班主任通过关爱学生建立良好的班级人际关系，让学生认可班级这个共同的家，并激发学生内心的责任感，共同建设班集体，可强化学生对班级的认同感和归属感。当班主任的关爱充斥整个"家"时，学生必将沐浴在爱的阳光里，健康快乐地成长。

二、班主任要学会关爱学生

1. 关爱学生，学会倾听

倾听是一种能力，也是一种人文教养，它需要倾听者的情感投入。倾听也是一种关怀，是一种支持力量。心理学研究认为，人在内心深处都有一种被尊重的愿望。当学生敞开心扉向班主任诉说他们的想法、愿望或困惑时，说明班主任得到了他们的尊重和信任。班主任应该怀着诚挚的心认真聆听学生的心声，尊重、信任和支持每一位倾诉者，充当一名真诚的倾听者。班主任的真诚倾听，能给学生带来无限的温暖和感动。

2. 关爱学生，学会欣赏

班主任重要的日常工作就是严抓班级常规。俗话说"没有规矩，不成方圆"，班规是班级成员必须遵守的行为规范和班级规矩，主要包括日常出勤、学习和卫生等方面的规定。班主任在严抓班级常规的基础上，应该花更多的时间和精力用欣赏的眼光去关爱学生。

心理学研究表明，人的需要是其行为积极性的源泉，而人类的本性中都有渴望受到夸奖和赞美的需要。教师对学生的赞扬是对学生的肯定和赞赏，不仅包含挖掘学生自身的闪光点，还包含对学生的理解和宽容。班主任不仅要学会欣赏德、智、体全面发展的优秀学生，而且要善于欣赏在德育或学习方面暂时有困难的学生，欣赏他们百折不挠、永不言弃的坚强，欣赏他们乐观面对挫折的阳光心理，欣赏他们为了每一次进步而勇于拼搏的学习态度。

3. 关爱学生，学会反思

著名的儿童文学家冰心说过："世界上没有一朵鲜花不美丽，没有一个孩子不可爱。因为每一个孩子都有一个丰富美好的内心世界，这是学生的潜能。"班主任关爱学生，好比园丁爱护每一朵个性各异的鲜花。在教育教学道路上，班主任要善于发现每个孩子的个性，还要学会自我反思。作为教育工作者，教书育人应教无定法、因材施教。大教育家苏霍姆林斯基建议教育工作者写教育日记、随笔和记录，这有助于教师进行自我反思，在成功的教育教学案例中总结经验，在失败的教育教学案例中吸取教训。

俗话说："教师是孩子的镜子，孩子是教师的影子。"教师要时常进行反思，客观地审视自身的教学行为：反思教育过程是否公平公正，反思教育方式是否有效，反思教育情感是否产生共鸣等。

班主任是班级管理中的组织者和领导者，是班级文化的建设者，是班级人际关系的协调者和艺术家。"没有爱就没有教育"，关爱学生，是教师职业的核心；关爱学生，是班主任管理班级最基本的要求。教师对学生科学客观的关注和真诚的关爱，能让学生在和谐的班级氛围中健康地成长。

参考文献

[1] 连瑞庆，马成瑞. 以人为本，关爱每一位学生 [M]. 北京：教育科学出版社，2010.

[2] 金开宇. 让学生在老师关爱下成长 [M]. 北京：中国社会科学出版社，2012.

[3] 韦广雄，范慧玲. 让关爱走进心灵 [M]. 桂林：广西师范大学出版社，2015.

走进心灵的艺术

深圳市宝安区灵芝小学　赖美芳

心灵是智慧的发源地，是人类的灵魂所在，而孩子的心灵是一方奇妙的净土，只有在孩子幼小的心灵里播下健康、美好、快乐的种子，他们才能健康、快乐地成长。

如果离开心灵的交流，一切教育都无从谈起；如果没有心灵的触动，就无法真正完成教书育人的过程。著名教育家陶行知先生说过："真的教育是心心相印的活动，唯独从心里发出来的，才能打到心的深处。"

从教六年来，我越来越深刻地感受到：教育是一门艺术，是与学生交往的艺术，是走进学生心灵的艺术。

一、倾听的艺术

在法国巴黎一座教堂外的广场上有个石雕颇为醒目：一个微倾的头像，面部表情平和专注，光着头，显得耳朵特别大，一只大手作掩耳状，仿佛在倾听着巴黎的心跳。这就是倾听，一个简单的动作，可又不仅仅是一个简单的动作。倾听是一项技巧，是一种修养，甚至是一门艺术。真正的倾听意味着一种平等、尊重，是心与心的默默靠拢，是情与情的悄悄对流。如果一个老师不会倾听，那他肯定不能走进孩子的心灵。当我们在倾听孩子言说的时候，不妨俯下身子，专注地看着孩子，让孩子感受到我们在认真地听他说话。对孩子所说的每句话的内容和其中隐藏的变化保持敏感，我们就能从中捕捉到孩子的弦外之音、言外之意。

倾听是打开孩子心门的一把钥匙。真正愿意倾听孩子话语的人会发现，其实从孩子的嘴里往往能说出最伟大的智慧。我们也会为自己的发现感到惊喜，原来孩子的内心世界这么丰富，对于学习、生活、成长有这么独特的见解。当意识到孩子的特别之处时，我们就会更加愿意倾听他们的话语，对他们的了解也会更多。

一个具有倾听意识和习惯的班主任，一定善于触摸孩子情绪的温度。所以，让我们学会倾听，倾听每一朵花开的声音。

二、关注的艺术

从心理学的角度来说，明白一个人的感受要比明白真相更重要。在与学生的沟通中，话多并不见得有效，有时一个动作、一个眼神都能进行交流，而最重要的一点是使对方感受到被关爱。想被人关注是人类的天性，我们应该懂得学生也具有这一天性，并在教育中有意识地关注每一位学生，爱护每一位学生，做到一视同仁。尤其是后进生，更需要老师的关注。每个孩子都有自己的长处，后进生也并非面面后进。虽然他们在学习上有些滞后，行为习惯也不是很好，但他们也向往美好的未来，渴望得到别人的关注，希望受到别人的尊重。老师应善于创设情境，精心设计一些集体活动，以挖掘后进生的闪光点，如召开鼓舞人心的班会，开展精彩的演讲比赛，组织"我为班级增光彩"活动等。

活动育人，在融洽的师生情感中，学生自然会把老师的批评看作对自己的爱护，把老师的表扬看作对自己的鼓励，从而达到"亲其师，信其道"的效果。

三、赏识的艺术

赏识的艺术是射进学生心灵的一道灿烂阳光。我们都渴望自己做的事情能得到别人的认可与赞赏，孩子又何尝不是呢？美国心理学家威廉·詹姆斯说："人性中最本质的渴望，是得到别人的赞赏。"赏识的本质是爱，赏识也是爱的具体表现。老师一个肯定的眼神、竖起的大拇指，对于孩子来说都能起到莫大的激励作用。赏识教育就如同阳光育苗，教育应该让孩子沐浴在

爱的阳光里。

杨阳是个好动的孩子，对自己的要求也不是很严格，这样的孩子当然也很少得到老师的表扬。有一天出操时他踏步做得很好，昂首挺胸，我走到他身边，摸着他的头，微笑着对他说了一句："杨阳，你真棒！"从那以后，我发现每天出操他都是最认真的一个，他问我他能不能当体育委员，我想了一下说："老师相信你可以胜任，前提是你要管好自己，因为班干部不仅是老师的得力助手，更是全班同学的榜样。"让我没想到的是，他不但每天都把队伍整理得很好，连上课也变得积极了，把小手举得直直的。我想那道阳光洒满了他的心房，让他感受到了温暖，也许他没有想过原来自己也能得到老师的肯定与赞赏。赏识，真是一门爱的艺术。

没有爱就没有教育，作为班主任，我们要时时处处尊重学生、关心学生，用爱浇灌学生的心灵之花。只有平等地爱护每位学生，才能走进他们的心灵世界；只有投入真挚的爱，实现心灵的沟通，才会收获情感的回报。

用绘本滋养班级，用故事浸润童心

——以绘本为载体，建设童趣班级

深圳市宝安区灵芝小学　庄丽华

"保护孩子的童心，是一种功德。"我一直很认同这句话。低年级的孩子，天真、浪漫，富有童真、童趣。作为低年级的班主任，我们开展班级工作时保护儿童纯真质朴的心灵尤为重要。在班级管理中，班主任要遵循儿童的心理规律，让儿童在班集体中展现积极、向上、乐观的美好品质；要尊重儿童的价值和独立意义，把班级建设成富有童真、童趣的班级。

近年来，国内的图书市场上涌现出很多优秀绘本，它们把文字与图画有机地融合在一起，其中变化的线条与丰富的色彩激发了孩子的兴趣，让孩子在阅读的过程中吸收绘本中真、善、美的养分。教师要有选择地把一些高品位的绘本引入班级管理工作中，用生动有趣的绘本故事浸润童心，用具有丰富内涵的绘本激发孩子真善美的情感，用绘本故事的道理引导孩子实践，启发孩子接受绘本故事中传递的价值观，从而建设富有童趣的、积极向上的班集体。

这种教育方式将刚性的强化式管理转变为柔性的启发式引导，让孩子在有情有趣的绘本阅读、分享中接受"润物无声"的教育。这种教育是温婉、富有灵性的，符合儿童的心理发展特点。这样的教育能保护孩子的纯真童心，使孩子快乐成长，在班级生活中舒心展性，使班级富有生机、富有童趣。

在班级管理中引入绘本，我是这样实践的。

当我跟孩子讲要学会爱自己的父母，孝顺、感恩父母时，不是不断地说

第二章　细水微况吟

教，而是跟孩子分享《我爸爸》《我妈妈》以及谢尔·希尔弗斯坦的《爱心树》等绘本。《爱心树》讲述大树给予一个男孩成长中所需要的一切，把无私、博大的爱给予小男孩，而自己却不图一丝一毫的回报。这是一个温馨又略带伤感的动人故事。希尔弗斯坦以简单利落的线条、充满诗意又带有嘲讽幽默的文字，为各个年龄段的读者创造了一则发人深省的寓言。当我跟孩子讲完这个故事，有的孩子在谈感想时说："我们不能像故事中的男孩那样，只知道索取，不知道回报，要做一个懂得感恩、懂得爱的孩子。"教师没有植入广告式的说教，但孩子们却能在阅读图画与文字的过程中感受到绘本传递的价值。

当我跟孩子讲要学会分享、懂得幸福之道时，我跟孩子们一起阅读《石头汤》。琼·穆特写的《石头汤》原本是一个欧洲的传说，作者把它描绘得具有东方文化和禅意，让中国人有种既亲切又熟悉的感觉。故事讲的是三个和尚来到一个饱经苦难的村庄，村民们长年在艰难岁月中煎熬，心肠变得坚硬，不愿接纳任何人。可是，和尚们用煮石头汤的方法，让村民们不知不觉间付出了很多，更明白了付出越多回报越多的道理。幸福就是煮石头汤。在班级里，我跟孩子们说：让我们一起煮石头汤，每个成员都可以是和尚，每个人都可以拾柴火、搅拌汤汁，每个人都可以把自己的珍藏放进班级这口大锅里，学会分享，煮出属于我们班的浓浓的幸福之汤。

将优秀的绘本引入班级管理中，教师要有以下几点认识。

（1）了解儿童的心理特点。教师要根据学生的心理特点，遵循儿童心理学规律，引导儿童展现其健康、活泼、真诚、友善的天性。

（2）挑选适合儿童的绘本。有价值的绘本不仅故事精彩，而且画面精美；不仅构思巧妙，而且匠心独运。高品位的绘本对儿童的影响是多方面的，不仅是"说理"，更是审美教育。教师除了要挑选高品位的绘本外，还要挑选符合当前孩子心理特点的绘本。

（3）创设良好的阅读氛围。班级图书角可以购置不同类型的名家绘本，教师可以在每周固定时间给孩子读绘本。有老师的引导，孩子们会更有兴趣。

（4）关注学生的个体体验。要让孩子自由地把自己的阅读感想表达出来。同一个绘本，不同的孩子能读出不同的味道，要鼓励孩子拥有个体的阅读感悟，教师只需在关键地方点拨、引导，让更多的智慧火花被碰撞出来。

（5）引导学生的行为实践。引导孩子汲取绘本的精华，用绘本陶冶孩子的情操，把绘本中的思想转变为实践。教师可以用各种优秀的绘本点亮孩子前进的方向，滋养孩子的心灵。

教师既要做好学生个体的思想工作，也要引导整个班级良好氛围的形成。良好的班级氛围有益于孩子健康成长。在书香氛围浓厚的班级，孩子不会浮躁，反而会更富有情趣和灵性。

我相信，教师播下的绘本种子，假以时日，会长成一棵棵大树，我们会看到一片美丽的森林。我们期待着，坚信着。

参考文献

[1]［日］松居直.幸福的种子［M］.刘涤昭，译.南昌：二十一世纪出版社，2013.

[2]［日］松居直.打开绘本之眼［M］.林静，译.海口：南海出版社，2013.

"懒班主任"养成记

深圳市宝安区灵芝小学　陈世安

一、孩子们要的并不多

我是一名任教三年级的男班主任，做事总喜欢亲力亲为。直到某一天中午，我正一个人默默地在学生放学后整理班级文化布置，恰逢几名学生忘记拿东西回到教室，于是她们很热情地来帮助我完成这项工作。原本可能要半小时做完的工作，短短五分钟便完成了，我很客气地跟她们说谢谢，并认为她们会和成年人一样趋利，向我索要奖励。但万万没想到，我想象的一幕不仅没有发生，事后竟然还有家长和我反映说孩子们回家之后非常高兴，因为能帮到老师，老师和她们说了谢谢，好高兴! 我愣住了。

中年级的孩子们是很单纯的，他们要的不多，一句谢谢、一个眼神的肯定即可!

二、孩子们要的不仅仅是我的肯定

后来，我尝试将少量的班主任工作布置给班委之外的更多孩子去做，孩子们给我的却是意外的反馈。小吴是一个不注意卫生、随地丢垃圾的孩子，但是只有一天他不是这样——他当值日班长的那天。原来他相信，他也会成为其他同学的榜样。他说，当老师当着全班同学的面表扬他的时候，他就决定再也不将纸屑到处乱丢了。他期待下一次再当值日班长，相信自己会做得比这次更好，还主动请教我怎样才能当好班级的管理者，甚至开始像个小大人一样"同情"我："原来老师的工作这么多、这么忙，难怪老师没有时间找女朋友。"

三、完善班级管理制度，相信孩子们的力量

我遵循"人人有事做，事事有人做"的管理原则，让学生开展民主决议会，选择班级骨干力量组成班委，人数大约占班级总人数的三分之一。作为班主任，我向学生展示了各职位的工作细则，先报名后选举（四年级后我增加拉票演讲环节）。其余学生中有三分之一参加了学校的各种兴趣小组，当班级参加相关活动时，他们会积极参与并为班委会提供技术指导。剩下三分之一的学生也没有闲着，全班同学会进行顺序轮换，一人当一天值日班长（四年级时该职务名称变为"值日班主任"），真正做到"人人有事做，事事有人做"。

我只会在超出学生能力范围及判断能力时给予帮助，而学生回报给他们自己的是各种各样的荣誉，甚至是自导自演的带有高难度武打动作的话剧，我们要相信孩子的能力。

四、光荣"退休"的我

现在，尽管我才23岁，但已经顺理成章地成为班级中的"退休"老干部。我敢自信地说我们班的孩子在能力上是超出其他同龄孩子的，在我赋予他们权利和义务后，他们表现出了面对压力时的成熟、稳重、细腻等品质，完全超出我的预料。而在接手我的工作后，他们也学会了体谅，学会了站在别人的角度去思考问题，处理矛盾时也变得理性，渐渐告别莽撞。而我也渐渐平衡了工作压力，成为一名"懒班主任"。

小老师，大潜能

深圳市宝安区灵芝小学　王小玲

班主任工作就是协调人与人之间的交流和合作，因此班主任的工作必须体现出民主性的特征，这是《中国著名班主任德育思想录》一书中几位优秀班主任的成功"秘诀"。"没有民主，便没有创造；没有民主的教育，便没有民主的未来。"在这样的教育理念下，李镇西老师所推行的班级民主化管理方式取得了巨大的成功。另外，著名教育家斯宾塞说过这样一句话："记住你的管教目的应该是养成一个能够自治的人，而不是一个要让人来管理的人。"教育家的话以及一些优秀班主任的成功经验都证明，引导学生自我管理，让学生做集体的主人是非常重要的。而在我的班主任工作中，对小学低年段的孩子进行自我管理与引导最有效的就是设置各种管理岗位，让所有的孩子都能体验做主人的感觉，继而树立主人的责任意识，养成自律的习惯，最终达到自我管理的最高境界。

一、一人一岗，体验主人身份

要想创建一个良好的班集体，就要让每个孩子都有事可做。"一人一岗制"，顾名思义，就是把班级工作细化，把班级的各项常规工作分摊给班级中的每个孩子。孩子们在自己的岗位上履行管理职责的同时，会逐渐增强自己的责任心，为班级建设付出自己的努力。"一人一岗制"的实施方法有以下几种。

1. 直接任命制

（1）学科类岗位。各科的课代表由学生自荐、教师推荐产生，根据学生的学科兴趣和特长进行任命，让学生主动配合任课老师开展工作，由关心某一学科到关心班级，锻炼自己的自控能力和管理能力。

（2）行规类岗位。涉及行为规范的一些岗位，如纪律管理、队列管理、两操管理、午休管理、早读管理等，主要由一些表达能力较强，在学生中比较有威信，能带动其他同学的学生来担任，通过班级管理工作和老师的鼓励加强自律。

（3）服务类岗位。这类岗位可以设置很多，如清洁小组长、黑板管理员、讲台管理员、门窗管理员、灯长、门长、护花使者……很多方面表现平平或自控能力较弱的孩子都可以安排这样的岗位，一是能增进别人对他的认同感，从中提高自信和服务意识；二是能通过管理实践慢慢领悟做好一件事需要耐心和要把自己管理好的道理。

2. 岗位轮换制

岗位轮换的主旨是让每个孩子都能体验不同的角色，通过角色体验明白要让别人服从自己的管理，就必须先把自己管理好的道理，从而达到由他律转变为自律的目标。例如，卫生管理员一天一轮换，按小组"开火车"的形式，轮到的同学负责监督自己小组的卫生情况。刚开始执行时，我每天下午放学前都会抽出一段时间进行总结，对工作做得好的管理员进行班级代金券的奖励。孩子们在岗位管理中增强了责任意识，慢慢养成了讲卫生的好习惯。

二、机会均等，挖掘无限潜能

优秀的学生表现的机会总是很多。我们在班级管理中要多注意那些各方面都处于中等水平的学生，给予他们更多的关注，挖掘他们的特长，力求让他们在各方面都稳中有升。对于后进的学生，更是要运用各种教育机智，宽容他们的错误，增强他们的自信，让他们在温暖的班集体中快乐成长。总之，利用班级管理岗位来鼓励孩子、约束孩子，对孩子们尽快进入自主管理境界起着重要的推动作用。班级里有一个叫小加的男生，很聪明，但自控能力较弱，上课表现比较自由，爱听就听，不爱听就玩，甚至打扰同学，下课

第二章 细水微沉吟

满教室飞跑，拉这个拽那个，喜欢恶作剧。我干脆就给他安排了一个走廊管理员的职务，当然为避免出现不作为的现象，我还指派了一位较有权威的值周班长和他一起干。别说，还真有效果，虽然他有时还是会出现脱岗自己去玩的现象，但是起码做到了少追跑。各种岗位历练下来，今天的他已经可以和同学正常沟通，能快乐地融入集体中了。当我们针对孩子的特点，让教育润物无声时，我们终将看到他们的成长与蜕变。

作为班主任，我们应该认识到每个孩子都是一个独特的精灵，要给予孩子信任，给予他们机会，充分发掘他们的潜能，相信小老师们是自主管理的雏鹰，总有一天会展翅高飞。

建设班级特色文化，提高德育实效

深圳市宝安区灵芝小学　林　俐

班级是师生共同建构的学习生活的乐园，是师生的生活协同体、学习共同体，更是班级文化氛围的活动形式和物质形态。在班级中接受教育，很大程度上影响和决定着学生人格与思想品德素质的发展。班级文化是学校文化的重要组成部分，建设具有特色的班级文化也是学校德育工作的重要手段和核心内容。班级特色文化建设有利于学生的全面发展和个性张扬，有利于整个学校德育工作的顺利开展，是提高德育实效性的有效手段。

一、打造班级环境特色，形成班级物质文化

苏霍姆林斯基曾说："无论是种植花草树木，还是悬挂图片标语，或是利用墙报，我们都将从审美的高度渗入规划，以便挖掘其潜移默化的育人功能，并最终让学校连墙壁也在说话。"教室是学生学习、生活、交际的主要场所，是老师授业、育人的阵地，是师生情感交流的地方。优美的教室环境能给学生增添生活与学习的乐趣，消除学习后的疲劳。更重要的是，它有助于培养学生正确的审美观念，陶冶学生的情操，激发学生热爱班级、热爱学校的感情，促进学生奋发向上。因此，班级文化建设首先要抓好教室的环境布置。例如，我校班级教室的布置采用红、黄、蓝、绿四种班色，每个班级又根据自己的特点设计了不同的板报，班风、班训也以班色为主色调来设计。板报设计将学生作品与班级特色恰到好处地融为一体，18个班级各具特色，成为校园文化建设中的一大亮点。除此之外，我们甚至在教学楼的走廊

第二章　细水微沉吟

上大做"文章"，把环境美育的功能延伸到了教室外，如在教室外墙上设立了"永不关闭的图书馆"——班级图书柜，在走廊内墙旁打造了"盆栽小天地"，使学生在优美的环境中愉快地学习，同时增强了学生的自信心与班级的向心力、凝聚力。我们把每一堵墙都变成"无声的导师"，让每一个角落都成为"文明的源泉"，让每间平凡的教室都成为无声胜有声的教育风景线。

二、优化班级管理特色，形成班级制度文化

"没有规矩，不成方圆。"班级制度是班级全体成员共同认可并自觉遵循的行为准则。班级制度文化的建设，不仅为学生提供了评定品格行为的内在尺度，而且使每个学生时时都在一定的准则规范下自觉地约束自己的言行，使之朝着符合班级群体利益、符合教育培养目标的方向发展。班级公约是全班共同信守的制度，涉及文明礼仪、学习常规、考勤常规、卫生值勤、奖惩等多个方面的基本规范，是班级学生活动的行为指南。制定班级公约（包括班规、班训）时要让学生全员参与，并广泛听取他们的意见和建议，最后通过全班民主表决形成定案。建立科学、民主、健全的班级管理制度，不仅能使学生获得心理认同，还能使他们将其自觉内化为追求的目标，以积极的态度去执行，最终实现自主管理。我校的班级制度文化建设还体现在班级的个性特点上，如点点中队的管理特色融合了"每天进步一点点，聚少成多，团结奋进"的理念，巧手中队在班级制度管理中体现了"动手动脑，巧手慧心"的理念。各个班级在形成不同的制度文化特色的同时，促进了学校德育工作特色的形成，从而提高了学校德育的实效性。

三、营造良好集体氛围，促进班级精神文化建设

精神文化是班级文化建设的核心和灵魂，它是班级成员认同的价值观念、价值判断、价值取向、道德标准、行为方式等的总和。班级精神文化具有怡情、承载和凝聚的功能，是规范学生行为、熏陶学生人格、陶冶学生情操的重要手段。良好的班级文化使人身居其中，处处感受到集体的温暖，同学之间团结友爱、互相鼓励、互相关怀，师生之间民主平等，爱生尊师，这

种氛围使人心情舒畅，能产生一股令人振奋、催人向上的力量。这种凝聚力一旦形成，就会产生强烈的吸引力，把师生团结起来，共同为班级的发展而努力。我们可着重从以下几个方面进行班级精神文化建设。

1. 构建良好的人际关系

班级人际关系主要包括教师与学生之间的关系和学生与学生之间的关系。良好的人际关系有助于促进教师与学生之间、学生与学生之间的密切交流和合作，有助于更好地发挥班级的整体效应。要想构建良好的班级人际关系，教师要树立正确的教育观，加强对学生的政治思想教育，保护学生的正当权益，尊重学生的意愿和情感，培养学生的交往技能。

2. 培养健康的班集体舆论

班集体舆论就是在班集体中占优势的、为多数人所赞同的言论和意见。班集体舆论是班级成员观念态度的集中体现，是班级深层次的精神文化。班集体的成长离不开健康的班集体舆论。要培养健康的班集体舆论，首先，要培养学生的正确认识。学生如果没有正确的认识，是不可能有健康舆论的。其次，要正确把握集体舆论，善于启发引导，以确保班集体舆论朝着积极、健康的方向发展。最后，要善于利用舆论工具，充分发挥它们的作用。

3. 培育优良的班风

班风是指班级的作风和风气，是班级大多数成员的思想认识、情感意志和精神状态的综合反映，是班级文化建设的核心和精髓所在。优良班风像熔炉一样，对全班学生起着熏陶、感染的作用，是一种巨大的教育力量。任何优良风气的形成都不是一朝一夕的事情，而是需要一个漫长的培育过程，而且往往不会一帆风顺。因此，我们在培育优良班风的过程中，一方面要持之以恒、不屈不挠；另一方面要抓住时机、因势利导。

4. 开展丰富的班级活动

班级活动是班级文化建设的有效途径之一。一直以来，我们的德育所采用的基本方式是由班主任在班会课上传授相关的德育知识，但在形式上往往以教师的讲解甚至"说教"为主，常常不能触及学生的灵魂，不能解决学生的实际问题，从组织形式到活动内容都显得过于单调，不为学生所喜闻乐见。班级文化建设就是要在人类文化宝库中撷取思想精华，通过开展各种文

第二章 细水微沉吟

91

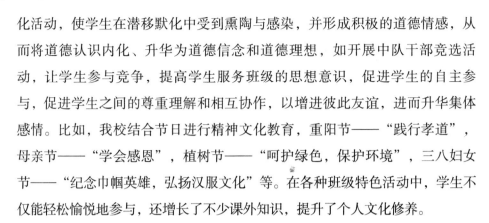

化活动，使学生在潜移默化中受到熏陶与感染，并形成积极的道德情感，从而将道德认识内化、升华为道德信念和道德理想，如开展中队干部竞选活动，让学生参与竞争，提高学生服务班级的思想意识，促进学生的自主参与，促进学生之间的尊重理解和相互协作，以增进彼此友谊，进而升华集体感情。比如，我校结合节日进行精神文化教育，重阳节——"践行孝道"，母亲节——"学会感恩"，植树节——"呵护绿色，保护环境"，三八妇女节——"纪念巾帼英雄，弘扬汉服文化"等。在各种班级特色活动中，学生不仅能轻松愉悦地参与，还增长了不少课外知识，提升了个人文化修养。

总之，班级是学生生活的重心，是知识的集散地，是人格的熏陶地。良好的班级特色文化，能够使学生乐观、向上，展示个人才华，培养创造精神和实践能力。不仅班主任要高度重视班级特色文化建设，学校也要为班级特色文化建设提供一切有利条件，帮助总结、归纳班级的文化特点，创建班级文化的各种模式，并鼓励形成班级文化的多样化局面。只要每位班主任都做有心人，共同关注班级特色文化建设，我相信班级文化一定能在学校教育中有效地发挥作用。

润物无声的班级文化建设

深圳市宝安区灵芝小学　王小玲

班级文化是学生身心健康成长的基石。班级环境对学生的影响如"润物无声"的春雨，潜移默化。每个班都有自己独特的班级文化，不同的班级文化能造就不同的学生，而优秀的班级文化往往能够为学生营造一种良好的学习氛围。一般来说，班级文化建设主要包括两个方面：硬文化建设和软文化建设。那么，何为硬文化，何为软文化？

硬文化是指教室文化，即由教室内部的布置（包括教室内黑板报及墙画的设计、教室桌椅的摆放）以及教室外部的走廊陈设两个方面组成；软文化则指班规制度、班级的思想观念、班级的价值观、班风的形成、班歌、班旗、班徽等。而教室不仅是学生学习文化知识的场所，也是促进学生身心健康发展的主阵地。教室环境作为班级文化的物质组成部分，是看得见、摸得着的实物，有其独特的文化价值。[①]灵芝小学的班级硬文化建设主要是从教室文化方面着手开展的，因为每一个孩子都是独一无二的，我们就是根据孩子们的学情与心理发展特点来为他们量身定制属于他们自己的班级文化的。

苏霍姆林斯基说过："无论是种植花草树木，还是悬挂图片标语，或是利用墙报，我们都将从审美的高度渗入规划，以便挖掘其潜移默化的育人功

---

① 张海平. 小学班级文化建设之我见［J］. 教师札记，2015（8）：78.

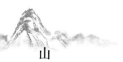
能，并最终让学校连墙壁也在说话。"①我们灵芝小学的教室文化就是如此，而挑起教师文化建设重担的不仅有我们的班主任，也离不开我们可爱的孩子们及家长们，孩子们是组成班级的重要成员，他们才是班级的主人。所以，灵芝校园充分利用教室内外的空间，为孩子们创设诗意的学习环境。教室文化主要是由壁画文化、板报文化和走廊文化三大模块构成，主要内容如下。

一、会说话的墙壁

在古代，题壁诗表现的是一种文化风气。家喻户晓的题壁诗有崔颢的《登黄鹤楼》、苏轼的《题西林壁》、王安石的《书何氏宅壁》、杨万里的《题龙归寺壁》、陆游的《题酒家壁》。那么，我们灵芝小学教室内的墙壁又能呈现出怎样的与众不同呢？——我们有会说话的墙壁。

墙壁上最显眼处张贴的是记录孩子们成长点滴的画册，这都是班主任与孩子们共同完成的作品。墙壁很喜欢跟路过的人们"诉说"孩子们的成长趣事，既有趣又温馨，让人久久驻足。墙壁上还贴有班主任精挑细选的格言警句，这样的墙壁就像一位学识渊博的老人在告诫孩子们，只有珍惜时光，把握现在，不懈努力，才能迎接更好的明天！墙壁上还贴有精美的手工画，这样的墙壁就像一本厚厚的百科全书，向人们展示着和煦春风吹过的青葱树林、调皮可爱的雪人一家、严冬里傲骨盛开的红似火的寒梅、欢快呆萌的熊宝宝，还有一棵巨大的智慧树。墙壁不仅记录着一年四季的变化，还记录着世界万物的生长，记录着孩子们美好的童年时光。听，它又开始呢喃了呢！

二、多彩板报见真情

黑板报作为第二课堂的一种活动形式，也是孩子们心中美丽的彩虹。在这里，我们与孩子们携手共创，描绘他们色彩缤纷的童年，也将他们的心意通过板报传达出来。这些图案看起来创意简单，但背后却有着不可忽视的感人故事，因为这些板报是孩子与家长一起合作完成的：孩子们是主力军，负

---

① 胡善波，胡焕臣.小学班级文化建设的探索［J］.教育，2015（28）：53.

责"指点江山"，设计板报（包括图片的构思与文字的编辑）；家长们甘愿打下手，负责为孩子们搞好后勤工作（材料的选取与颜色的搭配）。在创作的过程中，有过争执，流过汗水，孩子们还为此流下了难忘的泪水。但不可否认的是，孩子们学会了体谅父母的辛苦，懂得了团队合作的重要性，而家长也在这一过程中与孩子建立起更稳固的亲子关系，让彼此之间更加了解。

在板报的评选中，孩子们懂得了尊重与珍惜，从此与板报结下了深厚的友谊。所以，多姿多彩的板报就是孩子们快乐、健康成长的见证人。

三、活色生香的走廊

灵芝教室外的走廊有着独特的气质内涵，它们是独一无二的存在，更洋溢着浓郁的书香、迸发着沁人心脾的芬芳。在走廊的书架上整齐地摆放着孩子们喜爱的儿童读物，这是孩子们的图书角，是知识的海洋。每一本书都泛着醇厚的香味，它们吸引着孩子们好奇的目光，为孩子们创造了一个温馨、和谐的阅读空间，让他们自由自在地徜徉于知识的海洋，陶冶情操，感受大自然与人类的精妙创作。孩子们都深知"读书能给人以快乐、光彩和才干"这个道理，所以格外珍惜和爱护这条书香走廊。在走廊两边还摆放着生机盎然的盆栽，有开得五颜六色的花朵，有打着卷的翠绿藤蔓……它们就像大自然派来的小精灵，守护着孩子们，孩子们也如园丁一般精心呵护着它们。

如此妙趣横生的走廊不但教会孩子们热爱学习、交流思想，还教会孩子们热爱自然、热爱生活、尊重生命。

一个优秀的班级文化氛围，势必能够帮助孩子们健康快乐地成长，能够培养和提高孩子们的综合素质。同样，优秀的班级文化建设往往需要从建设优秀的教室文化开始，而优秀的教室文化也能够为孩子们的成长带来不可替代的乐趣与美妙。它如一股清泉，沁透孩子们的心脾；又如一片芬芳无比的花海，给孩子们最美丽的成长天堂；还如一双无形的手，托起孩子们美好的明天，为孩子们铺设一条通畅平整的路，孩子们在这里尽情地奔跑，欢快地学习，获得更多有趣的生活体验！

小树在成长

——谈班级文化的积淀

深圳市宝安区灵芝小学　　王　琪

刚刚接手这个班级，在思考班级文化建设主题和中队名称时，我的脑海里浮现出这样一段话："每个孩子都是种子，只不过花期不同。有的花，一开始就灿烂绽放；有的花，需要漫长的等待。不要看着别人怒放了，自己的那颗还没有动静就着急，相信是花都有自己的花期，细心地呵护自己的花，慢慢地看着它长大，陪着它沐浴阳光风雨，这何尝不是一种幸福。相信孩子，静等花开。也许你的种子永远不会开花，因为他是一棵参天大树。"字里行间，守望和宽容的情怀深深感动了我。而且，"树"不管在哪部文学作品中，都是美好而向上的形象，正好符合学生成长的特点。于是，我决定将我的班级命名为"小树中队"，以"树"为形象，以"小树在成长"为主题进行班级文化建设。

说到班级文化，要明确一个概念，即文化，了解了文化，才有班级文化。文化有广义和狭义之分。广义的文化是指人类创造的一切物质和精神产品的总和；狭义的文化是指运用文字的能力及一般知识文化水平。因此，班级文化属于广义文化的范畴。以下我从物质、制度和精神三个层面来阐述班级文化的积淀。

一、构建具有独特性的班级物质文化

教室是一切教育教学的主阵地，营造一个整洁、明亮、温馨的教室环境，可以激发学生的性情、陶冶学生的情操，给学生以启迪教育。因此，班级文化建设首先要抓好教室的环境布置。学期初，我们班的教室布置分为班规"小树的约定"、表扬榜"小树在进步"，后墙左边是安全知识介绍，右边是家长寄语"大树的话"和"好书共分享"。后来，为了迎接教学开放日，我们又对其进行了调整。左墙是学生书法作品展示，右墙是"长大后的我"学生绘画作品展示；后墙左边是学生绘画作品展示"收获园"，右边把家长寄语换成了光荣榜。教室的外墙是以树为背景的照片墙。

这些体现"小树在成长"的教室布置，让学生在有意无意中受到耳濡目染、潜移默化的教育，充分体现了物质文化的教育功能。这是利用班级文化的外部环境，也就是利用环境的功能来影响学生的具体体现。

二、创立体现人性化的班级制度文化

班级制度文化是班级文化环境的重要组成部分，是班级管理文化的核心，是班级建设活动有效开展的重要保证。为了帮助学生养成良好的行为习惯，让学生学会做人、学会学习，根据学生的总体特点和我们班"小树"的个性特点，这个学期我们的班级制度进行过多次设立和调整，保留到学期末的主要有管理员制度和班级之星制度。根据班里不同岗位的需求，我设置了图书管理员、走廊管理员、卫生管理员和黑板管理员等不同岗位，每个岗位设两个人。称职的管理员可以连任，不称职的管理员会被撤换，并由另一位管理员自由选择"合作伙伴"。学生很喜欢选和被选的过程，从而大大调动了管理员的工作热情和学生参与的积极性。班级之星制度设置了"进步之星""纪律之星""书写之星""劳动之星"和"发言之星"等星级，一开始是由我根据学生的表现来评选，后来调整为山学生投票决定。这个调整让学生意识到"群众的眼睛是雪亮的"，不少"调皮分子"的表现有了明显进步。

三、营造提升凝聚力的班级精神文化

班级的精神文化是班级文化的核心和灵魂。一个好的班级必然有一股积极向上的精神在鼓舞和鞭策学生为班级服务，把班级建设好。我尽可能抓

住每一个契机对学生进行集体荣誉感的培养，提升班级凝聚力。例如，我利用早操后、爱眼体操后和课堂上这些日常契机，还有校运会、开放日等特殊契机，及时点评学生的表现，让他们对自己在集体中的作用有更加清晰的认识。我跟孩子们讲要"做一个美好的人"，有美好的行为，讲美好的话，让班级因为自己的存在而美好。在这种"美好"理念的引导下，我们班的孩子越来越自觉，越来越懂得考虑他人的感受，越来越朝着"会倾听、懂分享、爱学习"的方向成长。

就像德国哲学家雅斯贝尔斯所说："教育意味着一棵树撼动另一棵树，一朵云推动另一朵云，一颗心灵唤醒另一颗心灵。"构建班级文化的过程也是我和学生相互影响、共同成长的过程。他们的大胆发挥，让班级的物质文化丰富多彩；他们的主动参与，让班级的物质文化逐渐成形；他们的积极热情，让班级的精神文化更加昂扬向上。孩子们总是能带给我惊喜，让我感受到童心的美好。未来的日子里，希望我的"小树"们能够更加茁壮地成长。

浅谈一年级的班级文化建设

深圳市宝安区灵芝小学　叶小美

一、引言

陶行知先生说："集体生活是儿童之自我向社会化道路发展的重要推动力，为儿童心理正常发展的必需。一个不能获得这种正常发展的儿童，可能终其一生只是一个悲剧。"幼儿园到小学是学生转型的第一个关键期，班主任应如何引导孩子尽快适应一年级的集体生活，建设一个良好的班集体呢？工作半年多来，我深深地感到：一个班集体发展的过程就是班级文化形成的过程，班级管理过程就是班级文化建设的过程，班级间的差异实质上就是班级文化的差异。因此，一年级的班主任共同面临的挑战是，应该如何建设一年级的班级文化。

二、探秘

谌启标、王晞在其编著的《班级管理与班主任工作》中提道："班级文化是指班级成员（包括教师、学生）在班级活动中所创造的物质财富和精神财富的总和，是班级成员共同创造的群体文化、教室内外环境为主要内容的班级物质文化，以及班级组织与规章制度为主要内容的班级制度文化。班级物质文化是基础，制度文化是保障，精神文化是灵魂。"由此可见，物质文化、制度文化和精神文化是建设班级文化的"三叉戟"，在工作实践中，我也是围绕这三个方面来开展班级文化建设的。

第二章　细水微沉吟

三、直面挑战

每个人的心里都藏着一个更好的自己，就好像每个毛毛虫身体里都藏着一只蝴蝶。在开学的第一天，我跟孩子们讲了一个毛毛虫变蝴蝶的故事，并告诉他们："你们就是一只只刚刚破壳而出的毛毛虫，长得又瘦又小，为了长大，你们来到学校寻找食粮。"从此，"小书虫中队"诞生了。通过以下方式的修炼，小书虫们在悄悄地成长。

（一）物质文化陶冶孩子的情操

1. "包装"教室，营造温馨的学习环境

教室包装得越温馨，学生就会越喜欢在教室里读书、玩耍。因此，整个教室是以绿色、黄色、粉色三大暖色为主。教室后面的"乐读书，读书乐。我健康，我快乐"十二个引人注目的大字就是班级口号，口号的中间是班徽：一只活泼可爱的小书虫。口号的下面分为六个板块：班级公约、毛虫变蝴蝶的六个评价等级机制、主题板报、书虫之家、作品展示和荣誉榜。六个板块的内容由表及里、层层深入，表现出一种积极向上的心理暗示，对孩子们的情绪和行为习惯起到良好的感染作用。

2. 绿色盆栽尽添生命活力

学校在每个班级的窗台上及教室门前都摆放了绿色盆栽，孩子们称这些特殊的伙伴为"小绿精灵"。通过自编故事"小绿精灵的一封信"、介绍小绿精灵们的身世历程、引领孩子闭目倾听小绿精灵的心语等环节，孩子们发自内心地去欣赏它们、关爱它们。实践证明，小绿精灵们的到来不但营造了宁静的氛围，使孩子们静心养神，让教室充满生机，而且培养了孩子们的责任意识以及关爱生命和保护环境的意识。

3. 阳光书吧添书香

得益于学校"永不关闭的图书馆"的称号，教室外面的走廊中增加了一个小图书馆，图书精美，品种齐全，藏书百余册，还有一个好听的名字——"读书吧"。我们没有实行图书管理员制度，取而代之的是"阳光工程"——爱惜书，自主借还图书。现在，小书虫们已经懂得遵守这样的规则，悄然中建立起彼此间的信任。每天小书虫们都兴趣盎然地在"读书吧"

里挑选喜爱的图书，让校园少了一份嘈杂，多了一份书香。

（二）制度文化规范孩子的行为

1. 做足入门教育

在心理学中有个名词叫"首因效应"，也就是孩子的第一印象，会先入为主，并对他以后的学习和生活留下深刻的烙印。所以，做足入门教育相当重要。具体来说，我实行了三个方面的训练：一是利用积极的首因效应，组建"正规军"。首先把积极的、优秀的观念植入孩子的头脑中，不断地集聚和扩大班内的正向群体，即努力组建"正规军"。二是规范言行，做灵芝好少年。针对课堂常规、课间活动、着装、卫生、礼仪、安全等进行培训，时刻提醒，反复强化，使孩子一入校就进行良好行为习惯和适应学校常规的训练。三是建立家长委员会。要想让所有孩子尽快走上正轨，仅凭教师的力量是很困难的。我在孩子入学前就建立了家长QQ群，成立了家长委员会，集聚家长团的"正规军"，给教师和孩子都带来了积极的影响。

2. 培养并放手领头雁

班干部就是班级的领头雁，俗话说"火车跑得快，全靠车头带"，领头雁的队伍情况直接影响班风的形成。因此，领头雁的选拔和培养就显得尤其重要。首先，采取自愿报名的形式进行常规培训，再通过民主选举的形式确定领头雁。古语道："养兵千日，用兵一时。"在培养领头雁的过程中，我经常思考两个问题：该不该放手把任务交给领头雁？领头雁能做点什么？所以就有了"行为养成大家评"的评价制度。每周一评，创设机会使更多孩子活跃于班级管理的位置上，并定期竞选轮岗。在参加其他活动时也实行量化评比，激励孩子不断努力，以有效保证班级的良好秩序。

（三）精神文化滋养孩子的心灵

1. 正确价值观常引领

当前的社会多元文化无形中影响着人们的价值观，价值观一旦形成，思想动力就会主导人们的行为，最终养成一种习惯。一年级是孩子价值观形成的初期，不良习惯一旦养成，将会影响他们的终身发展，因此班主任需要起到引领作用。我希望小书虫们拥有正确的价值观和积极的态度，个个成为"小君子、小淑女"，所以我几乎无时无刻不在对他们进行价值观教育。例如，我校开展文明礼仪教育，在班级中开展"四一"文明活动：收集一句文明用语，讲一个文明故事，唱一首文明儿歌，做一件文明事。通过半年的努力，小书虫们能很好地理解礼仪、尊重、谦让、信任、自律等品格，逐渐形成了团结、和谐的班级氛围。

2. 多姿多彩的集体活动

（1）社会实践活动。

社会实践活动一般是大学实践教育的方式，小学一年级举办社会实践活动的并不多见。"走向生活"是我校的办学宗旨，带学生放眼看生活会给他们带来更多意外的惊喜，更重要的是能培养学生的一些基本生活技能。例如，以"环保"为主题，通过家长的合力协助，"环保亲子队"诞生了。地点：水土保持园；活动内容：园内寻"宝"，即捡垃圾、游览水土科普展示区并学习水土保持知识、阅读绘本《水土保持》；活动要求：着装得体，自觉遵守公共秩序。这次实践活动不但增进了孩子、家长、老师之间的情感，还培养了孩子们的环保意识、关爱意识，让他们认识到"团结起来力量大"的集体荣誉感。

（2）特殊的班级纪念日。

为了避免"年年岁岁花相似"的疲软困境，孩子们提议为身边不寻常的故事设立"班级纪念日"。例如，2015年10月23日，小伍不小心撞到小瑜，小伍二话不说就抢了小瑜一拳，随后两人大动干戈，扭打起来，其他孩子只是围而不劝，直到两位教辅老师上前制止才结束。这件事情不仅说明事件当事人存在问题，而且反映出其他同学"事不关己，高高挂起"的冷漠思想。为此，我提议把这一天定位为"同伴团结日"，以倡导在班内营造互帮互助、团结友爱的氛围，同时整合了孩子们的事件感言，形成"1023"事件的小贴士以警示孩子们。一年级的世界总是会有许多"小意外"和"小惊喜"，我们班的绿色环保日、赞美他人日、自我警示日也随之成立。实践证明，这种把随机问题转化为长效机制的班级纪念日的做法，是一种可持续发展的自我教育和同伴教育方法。

（3）其他活动。

孩子们入学半年多来的成长应该说是十分惊人的，他们参加了学校的中秋赏灯、九九重阳践行孝道、运动会、书签制作、秋游、小歌手比赛等活动。在这些活动中，他们始终都在为集体争荣誉。通过这些活动的参与，孩子们逐渐形成了集体荣誉感，总是积极努力，一起为集体出力。

四、勇往直前

我在班级文化建设过程中的一些尝试取得了一定的成效，可是孩子的天性是好奇心强、自制力差、玩心旺盛，有些措施没有将物质文化、制度文化和精神文化三者进行有机融合，导致出现只实施一周就停止的情况，最终没有真正起到教育作用，令人惋惜。例如，孩子忘带或者丢失学习用具、问题孩子总爱打人、孩子依赖教师的提醒等方面的制度的设立。苏霍姆林斯基说过，能激发自我教育的教育才是真正的教育。需要教给一年级孩子的东西还有很多很多，不只是知识和能力，还有情操陶冶，如果班级文化建设能够引导他们实现自我教育，那么班级的面貌一定会有更大的改观，不过这也只是我的设想。

古人云，有梅无雪不精神，有雪无诗俗了人。只有梅、雪、诗三者相互配合，才能达到更美的境界。同样，要想使班级文化建设发挥神奇效应，只有进一步将物质文化、制度文化、精神文化有机结合起来才能实现。

第二章 细水微沉吟

小水滴之歌

深圳市宝安区灵芝小学　王小玲

作家王开岭在《向儿童学习》一文中说："一个人的童心如一粒花粉，常常会在无意的成长中，被世俗经验这个蟑螂悄悄拖走……然后，花粉消失，人变成了蟑螂。"这也是康·巴乌斯托夫斯基所说的"生命丢失"。在我看来，"童心教育"就是保护童心的教育，通过班级文化、活动实践等教育教学手段来体现一种人类童年的美。

那么，如何在班级文化中落实"童心教育"呢？

我的班级取名为点点中队，这是一滴自然之水、文化之水、生命之水。每一滴点点在这里都得到珍视，每一滴点点在这里都能绽放自己的光芒。童心就是一颗颗易碎的小水滴，童心的短暂与易逝正彰显出它的魅力和价值，我们要珍爱与呵护它。围绕水滴点点并结合一年级学生的身心、学习特点和我自身的教学理念，我们班进行了如下几个板块的文化建设。

一、点点星光——为孩子的好行为点赞

一年级是孩子行为习惯养成的关键时期，但行为习惯的养成不能硬来。俗话说："好孩子是夸出来的。"所以，我认为最好的行为训练方式是表扬和鼓励。于是，我把教室里最显眼、最大的一块墙壁设立成"明星脸"——展示班级榜样，目的是充分激发孩子们的荣誉感，以荣誉带行动。在这一栏目内，我根据孩子们的表现设立文明星、倾听星、宽容星、阅读星，被评上的孩子可以将自己的小照片贴在上面。这样就让这一栏目真正起到了引领

作用，让当上"明星"的优秀学生以此为荣，没当上的学生以这些同学为榜样。

二、点点骄傲——因为有你，我们幸福

这一栏目的设计是专门为在"点点星光"里评上四颗星的孩子制作一张海报并附上老师、家长的赞扬和祝福语，以激励全班同学向他们学习，因为他们是我们的骄傲，我们因他们而幸福。

三、点点分享——为阅读点灯

一年级的孩子已经有很强烈的愿望，想多了解一些课外知识，为了激发孩子们收集、分享资料的意识，这一栏目分别设立了"好书推荐""美文欣赏"两个小栏目，让孩子们分享自己写的绘本故事，欣赏美文。我相信故事是有魔力的，我和小点点们一起读、一起写、一起绘，并乐此不疲。我们读绘本、读童话、读寓言……我们拥有了共同的语言和智力背景。读《你是特别的 你是最棒的》；创编影像绘本《特别的点点、亮亮的点点》；读《特别的日子》，描写成长中特别的一天；读《我和小姐姐克拉拉》，写下《我们的"克拉拉"故事》；读《皮皮鲁和沙漠潜艇》后，孩子们对郑渊洁的童话感兴趣，于是我购齐整套书，让孩子们与好朋友和家长比赛着看。小点点们创作了自己的第一张班报《点点童趣日记集》。

四、点点童趣——个性展示

孩子们的学习成果是需要展示的，"点点童趣"就是给每一个孩子提供展示的机会。不过，每个月展示的作品都不一样，分为"绘画""作业""日记""试卷"等，让孩子们充分体验成功的感觉。

五、点点温暖——亲亲我的家人

这一栏目是展示班级点点们的全家福，让刚刚踏入陌生校园的孩子们迅速找到家的感觉。

第二章 细水微沉吟

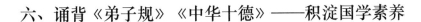

六、诵背《弟子规》《中华十德》——积淀国学素养

国学是我们学校的特色，一年级正是孩子们记忆的黄金时期，如果能很好地引导孩子们背诵古诗文，将会让孩子们终生难忘。我们班成立了读书学习小组，专门让孩子们在课余读书、背诵，积淀国学素养。我在教室墙面贴上装饰精美的"爱人者，人恒爱之"及"忠孝廉耻"等语录，以熏陶孩子、启发孩子。

七、四季教室——童心飞扬

为了让孩子们心情舒畅，我们对教室进行了精心的装饰，剪贴了精美的图片，以四季更替布置教室的主色调，即春柳、夏荷、秋叶、冬雪，让孩子们的童心充满生命的活力。

我愿不懈努力，带着点点童心和孩子们一起奔流向大海。

班级生日会

——营造温馨如家的班级文化

深圳市宝安区灵芝小学　郑梦曦

人本主义心理学家马斯洛提出了需求层次理论，其中有关归宿和爱的论述，提出人类在人际交往中有被关注、被爱、被理解的欲望和需要。一个班级应该满足班级成员这方面的需求，使其感受到班级的温暖如同家的温馨，找到一种归属感，从而升华对班级的热爱。所以，自当班主任以来，我坚持每三个月举办一次生日会，风雨无阻。

图1　许愿的小寿星们

晨曦中队每一位同学的生日，都会被大家记得清清楚楚，每次我们都欢聚一堂，玩游戏、猜寿星、吃蛋糕，其乐融融。在生日会上，我完全放下平日塑造的"威严"形象，与学生们亲密无间，此刻的我们成了无话不说的家

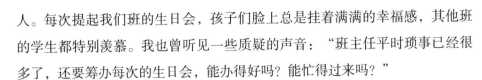

人。每次提起我们班的生日会，孩子们脸上总是挂着满满的幸福感，其他班的学生都特别羡慕。我也曾听见一些质疑的声音："班主任平时琐事已经很多了，还要筹办每次的生日会，能办得好吗？能忙得过来吗？"

难能可贵的是，生日会组织者都是晨曦中队的家委们，主持人由孩子们担当，作为班主任的我一点也不觉得累。我和许多家长一样，是一名受邀前来参加生日会的"大朋友"。孩子们都特别享受这一刻，因为舞台是属于每一个孩子的，他们不会因为学习成绩不够优秀而剥夺被大家簇拥鼓掌的机会。我们的生日会究竟是怎样举办的呢？请听我娓娓道来。

一、生日会的前奏

家委会的爸爸妈妈们都有明确的分工，策划组负责策划整个活动的细节，包括撰写主持稿、制作幻灯片；后勤组负责订购生日蛋糕、寿星帽，培训小主持人；摄影组负责拍照和录像，还有准备通讯稿。第一次生日会举办之后，家委会热心的爸爸妈妈们还开了一个总结会，小结本次活动的成败，讨论哪些地方还可以改进。

图2　爸爸妈妈们紧锣密鼓地筹备着生日会

二、生日会进行曲

两位小主持人宣布生日会开始。第一个活动：猜一猜谁是寿星。幻灯片上会出现每个小寿星1岁、3岁和现在的照片，请台下的孩子们猜一猜他

（她）是谁，并大声喊出他（她）的名字。当寿星们都揭晓后，后勤组的妈妈们会给他们戴上寿星帽。同时，屏幕上会出现家长对孩子的生日祝福，很多画面看得我眼眶湿润。

图3　我是今天的小寿星

图4　爸爸妈妈的祝福

1. 家长代表送祝福

孟子云："老吾老以及人之老，幼吾幼以及人之幼。"在这个环节中，家长代表分享的不是育儿经，也不是吹捧自己的小孩，而是发自内心的真挚祝福，这让整个班级氛围更加和谐温馨。

2. 交换礼物和分享蛋糕

过生日的同学收到了老师的祝福，收到了爸爸、妈妈的祝福，当然也少不了好朋友的祝福，孩子们一边吃蛋糕，一边交换礼物，感受到了深深的同学情谊。

图5 孩子们一起吃蛋糕

三、生日会的尾声

班级生日会传播的是一种"家"的文化，我们就像一家人一样过生日。有教育家说过："爱是最好的教育，没有爱就没有教育。"与其在教室的每个角落贴满温馨的照片，不如实实在在地来一场生日会，有爱就要当面说出来！

班级文化构建初探

深圳市宝安区灵芝小学　陈闰曼

苏霍姆林斯基说过："只有创造一个教育人的环境，教育才能收到预期的效果。"班级是学校教育的基本单位，是学生个性的发源地，是使学生实现社会化和个性化的重要园地。作为基础教育的工作者，我们要慎重地去构建能体现个性化、人文化和科学化的班级文化。

一、领会班级文化的科学内涵

班级文化是指一个班集体内教师与学生通过教育、教学、管理、活动所创建和形成的具有本班级特色的精神财富、文化氛围以及承载这些精神财富、文化氛围的活动形式与物质形态。班级文化可以分为班级物质文化、班级制度文化、班级精神文化、班级活动文化四个方面。

身为新建学校一年级的班主任，我面对着一个全新的班级，面对着47张可爱、天真的面孔，肩负着构建班级文化的重任，育人环境的建设要从零开始。

班级文化是个性和共性的结合体，它体现了学校整体教育教学理念，也体现了每个班级独特的文化氛围。班级文化是一个班级的灵魂，是每个班级所特有的文化。47位学生身上寄托着47个家庭的希望，我从家长们对孩子的期望入手，思考拟定班级文化的整体氛围和格局。

二、构想班级文化的核心理念

著名教育家杜威说过："学生在学校可以同时受到两种教育，获得两种

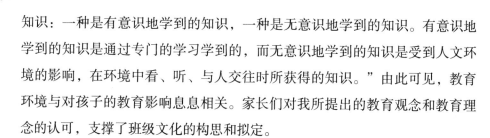
知识：一种是有意识地学到的知识，一种是无意识地学到的知识。有意识地学到的知识是通过专门的学习学到的，而无意识地学到的知识是受到人文环境的影响，在环境中看、听、与人交往时所获得的知识。"由此可见，教育环境与对孩子的教育影响息息相关。家长们对我所提出的教育观念和教育理念的认可，支撑了班级文化的构思和拟定。

绿芽象征着新生命，象征着新希望。一颗不起眼的绿芽，也能长成参天大树；一颗渺小的绿芽，也能孕育出美丽的鲜花。一颗颗充满生机的绿芽，就像我们班里活泼可爱的娃儿！绿芽身上有韧劲儿，墙角下、石缝中、悬崖边都能看到那充满力量的新芽；绿芽身上有冲劲儿，它们伸展根须，傲然吐新。"绿芽中队"四个字在我的脑海里生根发芽。47个鲜活的生命出现在我的教育生涯中，47张笑脸像绽放的花朵，纯洁率真。我制定了班级目标：让每一位学生都如绿芽生根破土，开出璀璨的花。

三、实践班级文化的有效管理

班级是学生生活的重心，是丰富知识的发源地，是优良人格的熏陶地，是优秀体质的培养地，是美好心灵的归宿地。希腊有句谚语："从智慧的土壤中生出三片绿芽：好的思想、好的语言和好的行动。"我们班级的管理理念就从这三片绿芽说起。

1. 好的思想，是智慧和内在的表现

我从班级的墙壁上下功夫，设计制作了班级国学文化墙。传统的、经典的国学词句绕梁一周，贴在了教室墙壁上方，让学生在举手投足间就可以赏阅传统、净化心灵。

2. 好的语言，是文明素养的体现

孩子的个人素养培养应从点滴抓起，从文明礼貌学起。所以，在黑板报旁边的宣传栏中，我设计张贴了中英文结合的、常用的礼貌用语，通过比一比、听一听、评一评的方式，逐渐提高学生的思想品质。

3. 好的行动，是良好外在行为的表现

苏联教育家马卡连柯曾指出："如果在儿童的早年，不能合理地教育儿童，使儿童养成不良的意识和行为习惯，将给以后的再教育带来几倍、几

十倍的困难。"俗话说，"没有规矩，不成方圆"。一个良好的行为，必须从行为约束做起。我们教室后面的墙壁上悬挂着班级班规和行为准则，在日常的学习生活中，采用轮值监督员的形式，对不遵守班规校纪的行为进行纠正，利用每周的中队会（班会）时间进行反馈、指正。

四、"绿芽"班级文化的潜移默化

著名教育家苏霍姆林斯基说过："无论是种植花草树木，还是悬挂图片标语，或是利用墙报，我们都将从审美的高度渗入规划，以便挖掘其潜移默化的育人功能，并最终让学校连墙壁也在说话。"我努力创建"绿芽中队"良好的班级文化氛围，希望以"高雅的、古典的"学习环境换来"随风潜入夜，润物细无声"的教学效果。

1. "会说话"的文化墙

张贴在墙壁上的国学经典词句散发出高雅的芳香，让学生从经典诗句中汲取传统文化，学习古人积极向上的道德精神和人生信念。

此外，教室后面的墙壁上方张贴着"灵动童心，快乐学习，幸福成长"十二个大字，寄托着家长和老师对孩子们的期望；在"花儿朵朵开"的宣传栏中，记载着孩子们努力挥洒汗水后的收获；在照片墙上，留下了孩子们成长的足迹和努力奋斗的辉煌时刻。

2. "会流动"的黄金屋

俗话说，"书中自有黄金屋"。在教室黑板旁边的书架上和讲台旁边的书车上，堆放着可以流动的"黄金屋"。这些书籍有的是学生分享的好书，有的是从其他班级"漂流"过来的好书，还有的是学校图书馆提供的紧跟时代潮流的适合一年级孩子阅读的优秀书籍和刊物。这些书籍让孩子们从书香中感受深沉的思想、体验宽容的胸怀、感悟真实的生活。

3. "会变脸"的黑板报

黑板报就像中国的"变脸"绝活，它可以根据活动主题或学习内容随时"变脸"——更新或更换。小小的黑板报，激发了学生的智慧，传递了知识的正能量，培养了团队的合作精神，体现了思想的艺术美，从而让学生感知美、创造美。

"绿芽中队"国学氛围的环境文化、积极向上的精神文化、行为约束的制度文化引领着正确的教育理念，凝聚着共同的奋斗目标，激励着学生努力学习，规范着学生的行为举止。在这种班级文化潜移默化的影响下，学生们一定会健康、积极地成长。

学生是书，需要教师用心去阅读；学生是酒，需要教师用心去酝酿和品尝；学生是绿芽，需要在教师阳光般的呵护下健康成长，最终绽放出璀璨的花朵。

参考文献

［1］魏书生.班主任工作漫谈［M］.北京：文化艺术出版社，2015.

［2］王晓堂.如何做一名出色的小学班主任［M］.长春：东北师范大学出版社，2010.

［3］陆海富.班主任班级管理的艺术［M］.北京：北方文艺出版社，2008.

［4］卢光明.小学班级文化建设［M］.南京：南京师范大学出版社，2010.

［5］张定志，徐音.班风建设［M］.北京：人民日报出版社，2008.

［6］周之良.多彩的校园文化［M］.北京：教育科学出版社，2011.

［7］钟家胜.谈谈班级文化建设［J］.科教文汇，2007（9）：22.

家庭教育，可以如诗般美丽

深圳市宝安区福新小学　黄淑灵

家庭教育是终身教育，它在当今社会已经被越来越多的人重视。现实生活中，很多家长在进行家庭教育时，总是吐槽这般无奈，那般辛苦。这些年来，我经过实践发现：原来，家庭教育可以如诗般美丽！

一、做一件让世界变得更美丽的事：亲子阅读

读书可以改变一个人的气质，读书可以养气，正所谓"腹有诗书气自华"。书籍凝结了人类的聪明智慧，阅读让我们生活的世界变得更加美丽、柔软。

家庭教育，不妨从亲子阅读做起，让温馨的家因书香而变得优雅，因阅读而变得更有魅力。大家都知道读书好，却不知道亲子阅读更好。它不仅延续了读书的种种好处，更重要的是有利于改善亲子关系。

如果可以，孩子还在妈妈的肚子里时，就可以进行亲子阅读了，然后一直坚持这件美丽的事，慢慢地，你会发现：孩子是如此懂事明理、落落大方、勇敢上进。在众多孩子中，你同样会惊喜地发现：自己的孩子是那样鹤立鸡群，身边的亲朋好友都夸赞他是一个优秀的孩子。如果以前没有做到这一点，没有关系，不管孩子现在几岁、上几年级，在家庭中开始亲子阅读，永远都来得及。有人会说："我家的孩子根本不爱看书，亲子阅读，那简直是做梦。而且，现在他已经大了，根本就不听我的啊。"说出这种话的家长，一定还没有尝过亲子阅读的乐趣，更重要的是在亲子阅读这件事情上缺

115

少一种坚持和方法。

是的，做任何一件事，最重要的就是坚持，只要能够坚持下来，一定会收获最美的果实。特别是读书这一件美丽的事情，如果家长能克服重重困难，陪伴孩子坚持下来，就会发现书的力量原来是那么大，阅读的魔力会让人欲罢不能，一天不阅读都感觉生活少了点什么。我们都知道，做一件事情不管是顺利还是坎坷，总会经历一段高原期或者说平台期，这个时期可能坚持好久都不见改变，甚至有可能变得更糟糕，但是如果我们坚持下来，有朝一日就会发现：真的不一样了，我变得比以前更好了。所以，请相信：坚持的力量无限大，坚持能创造无限可能！

一个人做事有毅力、有信心了，再运用巧妙的方法，就会事半功倍。亲子阅读也一样。

1. 创设亲子阅读氛围

对于不爱阅读的孩子，在家里，首先，父母不要随便打开电视看肥皂剧，也不要整天抱着手机不放，哪怕是自己没有阅读的兴趣，也要极力并时时在孩子面前表现出你是爱读书的，可以看看报纸、小说、散文、杂志，从通俗的书刊开始。这既是对孩子的一种读书熏陶，也是让自己爱上阅读的一种极好且极快的切入方式。其次，要适当和孩子交流阅读感受，这种交流可以是自言自语式的，也可以是调侃所读文章式的，还可以是好奇询问对方阅读内容式的，等等。但不管采用哪一种方式，都要以一个书友的身份介入，不要以为自己是父母就居高临下，还要注重孩子的年龄特点和喜好。最后，不要忘了家庭成员可以一起轻松简单地小结一下阅读时的相处心情，小结心情时，家长千万要记得对孩子察言观色，不可只听孩子嘴巴里说出来的话，有些孩子可能比较直白，开心就开心，难过就难过，不会藏着掖着，但有些孩子可能会隐藏自己，不会把内心的情感真实地表达出来。相信父母是最了解孩子的人，自己孩子的性格特点如何，父母是最清楚的，所以这一点不要忽略。

2. 打开阅读时间和空间

亲子阅读的时间如果能固定下来是最好的，这样极容易帮助孩子形成良好的阅读习惯，但是如果不能或是暂时做不到，也没有关系，只要有时间，就可以见缝插针地进行亲子阅读。阅读空间也一样，亲子阅读可以在家里完成，还可以在图书馆、书吧、读书会、车、公园等场所完成。家长只要有时间，就多陪伴孩子去一切可以读书的地方，让孩子在无形中明白：阅读，无处不在！阅读，无时不在！

3. 适时给予阅读指导

孩子在阅读的前期，可能无从下手，也可能随便翻阅。不管怎么样，家长都不要责怪孩子，要想着他能阅读本身就是一件很美的事情，这时候家长要做的就是陪伴和适时适当的指导，相信时间的力量，静待花开。一段时间后，你就会发现：哇，孩子的阅读能力提高了，阅读兴趣越来越浓了。再过段时间，你又会发现：啊，原来孩子根本不用教育啊，他突然就很好了。

是的，因为亲子阅读让你们的关系融洽了，让你们的心变得柔软了，让你们的思想和见识改变了。那么，就让家庭教育从这一件让世界变得更美丽的事情开始：从今天起，坚持亲子阅读吧！

二、每天一句感恩语

面对家庭成员，每天说一句感恩语，有些家长说心里会感觉怪怪的。其实完全不用担心这个问题。我在尝试表达这种感恩语时，一开始也有点难为情，有点说不出口，特别是感恩自己的爱人时，所以我总挑生活中的事来说，避开夫妻情感这方面，后来由于天天说，似乎形成了一种习惯。有一天我对我先生说："感恩你天天晚上为我暖被窝，让我觉得自己是一个幸福的女人。"我儿子听到后，马上张口说："感恩爸爸妈妈天天这么恩爱，给我一个健康的生命。"然后亲了一下我和他爸爸，当时我们夫妻俩都感动得哭了。孩子能说出这样一句感恩语，说明他不仅体会到了父母对他的爱、夫妻间的情爱，更体会到了生命的不易、健康的重要以及养育之情的宝贵。家长们，就从今天开始互相感恩吧，孩子会在感恩中潜移默化地受到教育，成长得更快更稳。

三、和孩子一样保持童真、简单

为什么孩子总能笑得无比灿烂？为什么孩子总能童言无忌？为什么孩子

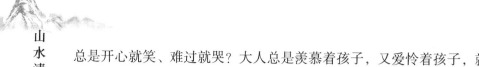

总是开心就笑、难过就哭？大人总是羡慕着孩子，又爱怜着孩子，就是因为孩子们有童真，他们的世界很简单。

在家庭教育中，很多父母知道孩子哪里不对、哪里没做好时，都会很着急，然后摆出一副世故的样子，对孩子进行严厉的教训。但很多时候孩子根本不理解父母的教训，也无法接受这种教训，久而久之，孩子似乎变得越来越糟糕，亲子关系也变得很紧张。其实，孩子永远是孩子，在孩子成长的路上，我们不妨蹲下身子、穿越时空、返老还童，认真倾听孩子的心声，从孩子的角度去分析事情。如果仅仅是恶作剧或是因为好玩而打了同学或是抢了同伴的物品，那就请你化身为一个善良忠厚的"小矮人"吧，和孩子一起还原当时的情境，一边游戏，一边引导孩子意识到自己那样的做法是不对的，并学会自己调整方式。如果孩子确实因当时的思想不当产生了不良后果，那就和孩子来一次真心话大冒险吧，让孩子在真心话大冒险中经历思想的跌宕起伏，进而认识到自己的错误并产生主动改正的意愿，在今后的生活中，你还要记得适时提醒他注意。当然，相信家长们在家庭中还会有比上述方式更有趣、更有效的方法，请多和我们分享，让我们也能学习到更多有趣的家庭教育的好方法。

试试这些方式吧，你会悄悄发现：家庭教育不是只有板着脸说教，不是只有打骂，也不是只有逃避，它可以像诗一般美丽，让你乐在其中！

第 三 章

清音由心生

用中华优秀传统文化特色营造
校园文化的探索与实践

——以深圳市宝安区灵芝小学为例

深圳市宝安区灵芝小学　林　莳

蕴含着学校的办学品位和育人方向的校园文化，是学校综合实力的重要特征之一。学校行为的核心是教育教学，教育的核心是育人，学校育人文化的本质在于以文化人、以文育人、以文养人。校园文化不仅是教师和学生为人处世的隐形体现，也是学校愿景、教育目标、学校气质的实际体现，更是全面理解学校办学目标、积极执行学校办学宗旨、持续影响学校办学品牌的隐性载体。从这个方面可以说，营造了学校的育人文化，也就抓住了学校管理的灵魂。因此，营造良好的育人环境，对树立学校品牌形象、提升学校核心竞争力、抓住学校的办学特色、呈现办学方向和理念，具有显著的导向、凝聚、规范作用。

广州市教育局届哨兵曾提出一个观点："文化之谓乃民族和国家的精神家园，古今中外概莫能外。所不同者，在于我们的文化是否有一种自觉、自信与自强。学校要营造育人文化，在这三方面应该有所思考和实践，提升这三方面的能力，当是卓越校长的题中应有之义。"学校的校园文化建设应该从传播文化、阐释文化和创造文化着手，增强师生的文化自觉，提高师生的文化意识，以此提升全体师生乃至家长的文化自信，并以此为手段，增强师生的中华文化自信意识。

深圳市宝安区灵芝小学以中华优秀传统文化特色为途径来营造校园文化，寻找学校的育人取向，在形成与发展的过程中，传承中华传统美德，实现学校的育人目标。

一、以中华优秀传统文化为特色的校园文化

1. 中华优秀传统文化的概念

杨文在《中华优秀传统文化教育在社会主义核心价值观培育中的作用分析》一文中提出："中华优秀传统文化是中华民族及其先辈所创造的、反映民族特色的、在历史上曾发挥积极作用、至今仍具有时代价值的中华民族各种思想文化的总和，是中华民族智慧的结晶和宝贵的精神财富，是社会主义核心价值观的精神命脉和文化基因。"

中华优秀传统文化是中华民族的文化取向，能主导中华民族的价值观，反映了文化主流的意识形态，是社会制度的文化特征，体现出中华民族的共同价值追求。中华优秀传统文化作为优秀传统文化的精华，既与社会主义核心价值观高度契合，也是践行社会主义核心价值观的有力抓手。

灵芝小学全面践行社会主义核心价值观，努力创建以"中华优秀传统文化教育"为特色的校园文化。该文化以学生为主体，一切从学生的兴趣和发展出发，以"中华优秀传统文化"为特色，与学校育人文化有机结合，立足于学生，让深厚的中华优秀传统文化深入学校教育教学中，积极推动学校内涵发展，努力构建适合学生成长和教师发展的校园文化，逐步提升学校教育综合竞争力。

2. 以中华优秀传统文化为特色的校园文化建设的意义

中华文化源远流长、博大精深，汇聚着历代先贤的思想精髓，以中华传统美德为集中体现。随着我国现代化进程的不断推进和基础教育改革的日益深化，越来越多的教育者倡导在中小学教育中传承中华优秀文化传统，弘扬伟大的民族精神，促进学生人文素养和品德素养的和谐发展。随着社会的发展，小学生逐渐受到西方文化以及大众文化的影响，其人生观、世界观和价值观出现了多元化的取向，不再单一的价值取向使学生在有限的认知能力和辨别能力之下，无法通过单纯的说教方式让优秀的中华传统文化在其身上得

到传承与发展。

宝安是深圳的经济强区，其经济的快速发展对宝安的素质教育提出了更高的要求。同时，宝安是人口大区，宝安教育线长面广，文化基础薄弱，文化氛围不浓，市民素养相对较差。不仅如此，在经济体制变革、社会结构变动、利益格局调整、思想观念变化、家庭结构趋向多元、社会文化环境较为复杂的大背景下，传统与现代的价值观、成人观互相碰撞，种种社会问题、家庭问题、学校问题和现象不能不让人反思：如何增强教育的力量，使教育与时效成正比？

面对新世纪的挑战，学校校园文化建设如何做到以人为本，使学生成为价值判断与文化践行的能动主体，是学校校园文化建设面临的重要而紧迫的课题。以中华优秀传统文化为特色来构建校园文化，可以帮助小学生在传承上下五千年中华文明的同时，利用中华优秀传统文化形式丰厚的文化基础，树立和谐的科学发展观，践行社会主义核心价值观。再者，在家庭教育中注重教育的实用性与人文性相结合，更易于让学生学会做人，学会做事，学会处理人与人之间、人与社会之间、人与自然之间的关系，提高思想境界。

二、以中华优秀传统文化为特色的校园文化探索与实践

1. 以中华优秀传统文化为特色的课程文化探索与实践

（1）中华优秀传统文化校本课程建设。灵芝小学以"中华优秀传统文化教育进课堂"的形式，建立学校特色的中华优秀传统文化校本课程，以每周一节中华优秀传统文化课的力度，让学生沐浴在优秀传统文化教育中。课堂以古代诗词、中华美德为主线，突出基础。根据小学生各年龄阶段的不同知识基础和认知水平来控制课程内容的难度、设计课程，突出语言文字和历史、民俗文化等教育，以儒学内容为主进行经典阅读。特别是将"中华十德""中华民族的文化自信""古代诗人词人故事"等作为主题，以使学生懂得古代礼仪习惯，践行符合现代的基本礼仪，提高道德品质，增强对中华文化的情感认同。

除此之外，学校根据学生身心发展的规律，针对各年段学生的心理特征开发中华优秀传统文化校本课程，编撰了《养正启智——走进〈三字经〉里

学做人》的教材，并由海天出版社出版，目前正在开展《"中华十德"中华优秀传统文化经典》校本课程的开发。在此期间，灵芝小学强化中华优秀传统文化课程资源开发，包括教学课件、学生作品等以及中华优秀传统文化教育示范和指导资源开发。

（2）中华优秀传统文化活动课程建设。此课程建设以体验式的实践活动为主要形式，丰富多样。在小学进行中华优秀传统文化教育，可以抓住小学生的特点，以体验实践为主线，举行形式多样的活动，让学生在广泛接触、学习和体验丰富多彩的中华优秀传统文化的过程中，对中华民族的物质、精神、文字、思想、行为、技艺等载体，从真、善、美等不同层次进行研究。

灵芝小学以中华传统节日为渠道，以提高全校师生中华优秀传统文化素养为目标，开展中华传统美德系列中华优秀传统文化教育活动，让学生在参与中华传统节日的各类教育活动中感悟传统文化及其内涵，受到中华传统文化的熏陶。从2013年至2019年间，灵芝小学开展传统节日文化系列德育现场会，如"妇女节，追寻古韵""中秋节，感受穿越""重阳节，践行孝道""端午节，传承文化""春分日，践行礼仪""清明节，清白家风"等，累计参加的家长有5300余人次；2018年清明节以"春风十里，不如家中的你"为主题的家风家训国学现场会，由全校师生参加，来宾和家长共1000余人。

（3）中华优秀传统文化德育常规活动。为了使中华优秀传统文化的丰富内容真正进入课堂，避免中华优秀传统文化的教育流于形式，一是要将中华优秀传统文化教育的内在要求与小学各学科的课程标准相结合，在课堂中渗透中华优秀传统文化的内容，并与社会主义核心价值观相结合，共同培养具有国际意识的社会主义公民；二是充分利用地方课程，以此为基础开发中华优秀传统文化综合性课程，让学生对中华优秀传统文化中丰富多样的内容有所了解、感受与亲近；三是加强体验实践活动课程的开发，让形式多样的中华优秀传统文化实践活动成为学生获得中华文化知识、能力与道德体验的途径。

灵芝小学开展"国学活动日——晨诵午习暮读"活动。诵经典以怡情，习汉字以修身，读名篇以明智，遵循"亲近经典，传承文化"的理念，开展经典诵读展示活动，采用全员参与的方式进行，每班围绕一个主题，或唐

第三章 清音由心生

诗，或宋词，或古文，以齐诵的形式展示。学校以优秀传统文化渗透为途径，开展与德育常规教育相结合的中华优秀传统文化教育活动，用中华优秀传统文化教育来引导学生养成良好的行为习惯和道德修养，在常规教育活动中体现中华优秀传统文化教育的思想，在中华优秀传统文化教育中解读常规教育的要求。学校举行了六届国学节，如"养正启智"国学活动节暨庆祝教师节活动、《笠翁对韵》诵读会、古典书签制作现场会、走进经典现场千米绘画、经典歌曲比赛等活动。这些活动都由全校师生参与，通过经典诵读、书签制作、千米绘画、经典歌曲演唱等形式，将传统文化以灵动的形式展现在学生面前，使他们更加热爱传统文化，更有兴趣学习传统文化。宝安市民对灵芝小学的了解大多是从中华优秀传统文化现场会开始的。

（4）中华优秀传统文化输出活动。学校将中华优秀传统文化和国际化教育相结合，以中华优秀传统文化为桥梁和纽带，向世界展示中国"声音"和"符号"，走出了一条富有特色的教育国际化之路。

灵芝小学自2013年开始与马来西亚沙巴州国际化教育进行交流活动，与马来西亚山打根培正小学、马来西亚亚庇中英学校、英国波什克未小学、尼泊尔英同学校等海外学校缔结了姊妹学校关系，前两年均由学校中华优秀传统文化课程的一位老师代表学校进行教育国际化交流。2016年后，在深圳市宝安区灵芝小学的支持下，教育国际化交流队伍增加到两位老师以上。到2016年，灵芝小学有15人次进入马来西亚沙巴州亚庇和山打根两个地区，在善导中学、培正小学、里卡士华文学校、中英学校四所学校两个华人企业家赞助的营地进行文化教育交流活动，连续三年得到中国驻马来西亚亚庇总领事的接见。据统计，到2019年为止，灵芝小学教师七年来为4000多名马来西亚沙巴州亚庇学生、少数当地民族学生举行了中华优秀传统文化讲座，有五所当地华人学校的教师慕名前来听课，第一次把家庭教育理念带到沙巴州华人世界，《亚洲时报》《华文日报》等当地多家华文报纸均进行了相关报道，连续四年得到中国驻马来西亚亚庇总领事的接见。

2. 以中华优秀传统文化为特色的物质文化探索与实践

立足于建设有浓厚中华优秀传统文化氛围的校园环境，将隐形教育的潜移默化功能有效放大，使其显性化、课程化，进而促进学生的感悟和内化，灵芝小学围绕中华优秀传统文化教育这一主线，以生为本、环境育人，把文化传统与时代气息进行有机结合，建立了"灵芝校园十景"环境设施，使学校处处散发着浓郁的中华优秀传统文化氛围，成为传承中华优秀传统文化经典、养正毓德的文化场。

（1）门在心中：国风校门。校门以风雨桥为原型，融合徽派建筑的特点，以粉墙黛瓦为主，通过马头墙、小青瓦、漏花窗等元素的运用，既显示出校门别具一格、古朴雅致的风格，更有效拓展了校门后小广场空间的深度和广度，使整体布局更加协调。寓意：进入校门是灵芝师生，出了校门不忘自己是灵芝师生，雅言美行。

（2）屏风如镜：三省屏风。曾子曰："吾日三省吾身：为人谋而不忠乎？与朋友交而不信乎？传不习乎？"寓意：屏风如镜，正衣冠、明得失，寄语师生要时刻自省，修身养性，提升自我。

（3）教工食堂：赫曦餐厅。赫曦，即辉煌明亮的阳光。屈原《离骚》："陟升皇之赫戏兮，忽临睨夫旧乡。"意思是说，在东方明亮的阳光里，我一下子看到了故乡。餐厅是补充能量的地方，也是一日工作的能量之源。寓意：老师们每天与朝阳同行，从事着"太阳底下最光辉的事业"，又表示一日之计在于晨。

（4）学生天地：诗囊书舍。诗囊本指储存诗稿的袋子，《全唐文》卷七百八十《李商隐十·李贺小传》记载，李贺"恒从小奚奴，骑距驴，背一古破锦囊，遇有所得，即书投囊中"。诗囊书舍建在一楼大堂处，有古代桌椅，有各样书籍，放学后学生可在此或惬意阅读，或端坐作业。寓意：这是学生心灵空间的"自留地"，是他们自觉自律的"体现地"，让学生在学习和感悟中，日有所得，学有所得，投入人生的"诗囊"中。

（5）校园池塘：日照池塘。塘内游鱼，水上浮萍，繁花摇曳，绿树葱茏，朝晖夕阳，蓝天白云，与孩子们的灿烂笑容相映成趣，构成一幅人与自然和谐相融的美丽画卷。寓意：学生沐浴着爱的阳光，人生精彩纷呈。

（6）休闲小亭：一勺亭。语出《中庸·二十五章》："今夫水，一勺之多，及其不测，鼋鼍、蛟龙、鱼鳖生焉，货财殖焉。"亭虽小，师生可漫步，可观景，可悟理。寓意：饭要一勺一勺吃，路要一步一步走，事要一点

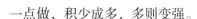
一点做，积少成多，多则变强。

（7）教师书吧：穿砚书舍。取成语"铁砚磨穿"之意，元代王实甫在《西厢记》第一本中说："将棘围守暖，把铁砚磨穿。"这是学校名师工作室的专用之地，也是教师科组学习、教研之地。寓意：教师要发扬"铁砚磨穿"的艰苦治学精神，守得初心，耐得性子，日进日新。

（8）展示平台：灵韵小舞台。鸣丝吹竹管，赏乐音灵韵。每天清晨早读前，每班孩子轮流上台表演，大家乐在其中。永不落幕的灵韵小舞台是学生展示自我的平台，也是相互欣赏的场所。寓意：草根小舞台，却是大天地，寄语孩子们从灵韵小舞台精彩到人生大舞台。

（9）校园雕塑：孔子讲学。孔子讲学，盘坐席上，旁有古琴，弟子或拱手作礼，或注目聆听。杏坛讲学，功在千秋，一代圣人，高山仰止。寓意：师者传道授业解惑，学子尊师求道精进，教学相长，师生共进。

（10）校园景观桥：知鱼桥。语出《庄子·秋水》，庄子与惠子游于濠梁之上，两人享辩鱼之乐。一场辩论，智慧如光，闪耀至今。寓意：知己知人，推己及人；师生如桥，渡人渡己，彼此成就。

三、以中华优秀传统文化为特色的校园文化建设的预期目标

在一个各种文化相互竞争又彼此依赖的时代，不仅需要谋略，更需要生存、生活乃至做人的智慧。而中华民族用五千年的历史更迭、朝代变换形成的智慧，集中而具体地体现为中华民族优秀传统文化，并衍生为中华民族用来教育青少年做人做事的基本准则和行为规范。随着年龄的增长，传统与美德会慢慢在青少年身上发酵，潜移默化中规范着他们的言行举止，使其明辨是非美丑。可见，传统文化能够更新观念，从而达成富有民族教育特色的积极向上的育人目标。因此，学校的校园文化可以在增强认同、传承和发扬的基础上，与社会主义核心价值观相结合，以建设当代中国特色社会主义的先进文化为基点，达到以下三个目标。

（1）构建具有高尚人文素养的教师文化。将中华优秀传统文化教育与师德师风建设进行有机结合，在弘扬优秀传统文化的基础上，促进教师做到"师德如水"，彰显修身、养正、雅行的职业风范，形成高尚的职业理想和

信念、强烈的责任心和使命感、踏实而严谨的工作作风和独特的个人魅力。

（2）构建积极的少年君子学生文化。以课堂教学、综合活动课、主题班会、艺术团队、网络建设、家庭文化建设为主要载体，以班级、年级、少先队、家庭为实施单位，以学生主动参与、自主管理为基本途径，将中华优秀传统文化教育与文化建设、德育工作、艺术教育等进行有机结合，形成养成机制、自律机制和创新机制。

（3）构建学生家庭的良好家风。将中华优秀传统文化教育中的家风家训作为家庭教育的主线，结合现实生活中家庭教育的主要问题，在协助家长教育孩子的基础上，带动社区各家庭形成良好的家风。

中华优秀传统文化教育是符合社会主义先行示范区教育发展规律的，我们应该在今天的学校制度背景下，探讨合乎时宜、便于教师实施、学生乐于接受的教育模式，在实践探索的基础上加强经验总结和理论提升。以中华优秀传统文化为特色的校园文化建设，应把重点放到大力弘扬讲仁爱、重民本、守诚信、崇正义、尚和合、求大同等核心思想理念上来，放到大力弘扬"仁义礼智信忠孝惠敏和"等中华优秀传统美德上来，把学生培养成拥有自强不息、敬业乐群、扶危济困、见义勇为、孝老爱亲等美德的现代公民。

参考文献

［1］屈哨兵.我们应该如何提升校长营造育人文化的能力［J］.中国教师，2015（9）：8-9.

［2］杨文.中华优秀传统文化教育在社会主义核心价值观培育中的作用分析［J］.北京教育（高教版），2018（10）：78-80.

［3］思履.论语译注［M］.北京：中国华侨出版社，2013.

［4］王泗原.楚辞校释［M］.北京：中华书局，2014.

［5］（春秋）孔子，等.论语·中庸·大学［M］.北京：中国华侨出版社，2015.

［6］（元）王实甫.西厢记［M］.杭州：浙江古籍出版社，2011.

［7］（战国）庄周.庄子选译［M］.曹金鸿，编.长春：吉林出版集团有限责任公司，2010.

第三章 清音由心生

山水清音何澹澹，知文变染系世情

——浅析中华诗词文化与道法课堂的交融

深圳市宝安区灵芝小学　欧　芸

自编纂之初，道德与法治课程便聚焦多元化的生活领域，从个人情绪、家庭关系、学校生活、社会意识、国家情感、民族文化、世界知识等多方面进行解构与教授。一方面，在道德与法治课堂中，学生可以完善对世界、国家、社会的认识，提升个人意识，在生命发展的过程中获得完整的情感体验。另一方面，道德与法治课堂与班会课、语文课密不可分，无论是思想教育、个人生活情感开导，还是中华传统文化溯源与融合，对于每一位学生的成长道路而言都至关重要。

道德与法治五年级上册第四单元"骄人祖先，灿烂文化"与六年级下册第三单元"多样文化，多彩生活"板块，都以图文并茂的形式，对古代文明、多元文化进行了探讨。为了丰富学生的中华优秀传统文化知识，让古诗词文化融入道德与法治课堂，提升学生的民族文化自豪感，在这两个单元中，我都进行了古诗词文化的拓展延伸，在六年级下册的课堂中，还从古今对应的角度，与学生讨论古典诗词更迭之异，并系统介绍了叶嘉莹先生在研究古典文化中的诗教理论与古诗文鉴赏时的所思所得，为学生对民族先进人物的认知添上了浓墨重彩的一笔。

祭火为舞诉山长，执甲作鼓寄尺素

"断竹，续竹。飞土，逐宍。"自先秦《弹歌》绘狩猎图景始，先民合乐为歌，徒歌为谣，其词渐载于典籍，流传于世。先古以来，诗歌文赋虽因历史嬗变或地域之分而风格派系各有分野，然言辞之间无一不抒发其人对天地世事、山川薮泽、社稷民生等诸事之感触。

比如《礼记》所载伊耆氏蜡祭祝祷："土反其宅，水归其壑。昆虫毋作，草木归其泽！"祭歌以田土、流水、螟蝗、草木四物为祝词，将农事顺遂之愿景歌于祭礼韵律之中。又如《周易》中孚卦爻辞中言："得敌，或鼓或罢，或泣或歌。"寥寥十字，将上古战事方罢后军士行卧、擂鼓、高歌等景尽数倾于笔端。故刘勰在《文心雕龙·时序》中道："故知文变染乎世情，兴废系乎时序，原始以要终，虽百世可知也。"

上古汉语多为单音，歌谣亦以二言纪实为要。及至魏晋，名士不羁之风时兴，不尚虚礼，不言是非，不侈荣利，不屑仕途。方寸屋间，浊酒浇胸中块垒；忘形古今，清茶适竹里幽趣。映射于其诗其文，便无脱清峻忘俗、超乎人世之感。而至唐宋，辞藻中华丽雍贵之语渐隐，田园、边塞、浪漫、现实诸派代有人出。乃至明清，市井之气并歌功颂德之辞泛于诗文之中，诗派林立，或重格调，或以德说教，或抒性灵，或以政见讽喻，或纵横笔意以布恢宏之格局，或复倡"文必秦汉，诗必盛唐"之论，林林总总，不一而足。

"诗教"一说，宏而观之，初现于《礼记》，"温柔敦厚，诗教也"。历代政论都颇重诗歌教化人心之用，以忠孝悌，以正民风。时至今日，中小学语文的诗歌教学，通过对古诗词浩瀚长河的感悟鉴赏，提高学生对古典诗词的兴趣，丰富学生的审美情感，依旧任重而道远，而其中借鉴的便是迦陵先生的诗教理论。

《妙法莲华经》中记载："山川岩谷中，迦陵频伽声，命命等诸鸟，悉闻其音声。"迦陵本为佛教中一神鸟，又名妙音，其音和雅，听者无厌，闻之如临极乐净土，天、人、紧那罗、鸟兽之音均不能及。"千春犹待发华滋"，迦陵先生以诗词筑梦，亦愿自己对古诗词的讲解能在每个人心中留下一颗灵性的种子，待春华初茂，雨润如酥，便能在古典诗词的沃土之中生发出文化的新芽，蹀躞之中，周而复始，历久弥新。

感物兴怀空绝叹，凡音之起由心生

雎鸠和鸣于河州之上，兴而起情愫之思；残月独凭危楼望断处，兴而起悲凄之感。朱熹曾于《诗集传》中提出："兴者，先言他物以引起所咏之词也。"触景生情，因事寄兴，将所思所感寄于景物之中，继而引出所咏之物，更能相得益彰，兴会而神至，不着一字，尽得风流。起兴之法继《诗经》后，在诸多诗文篇章中均可寻其踪迹。

钟嵘在《诗品序》中亦有"物感"之说，"气之动物，物之感人，故摇荡性情，行诸舞咏"。古人将日升月落、四时晨昏、天地万物均与阴阳二气相合，日升而阳，阳生而万物长，故阳盛之时，春风花草盈香，日照高林，水绿如蓝。月出而阴，阴盛则万物衰，故阴盛之时，边秋雁声袭人，月落愁眠，星垂寒山。是以松风乱石作清声，暮烟万顷言冷意，读至不同的景致，便能相生对应的情思。

迦陵先生将前朝风骨之说、神韵之说、物感之说等诸多理论综而合之，提出"兴发感动"说，并贯穿于诗词教学之中，力求透过诗词文赋片言的浸润，让学生产生情感的共鸣与升华。在《迦陵讲赋》一书中，迦陵先生品析了南朝鲍照的《芜城赋》，内有一句"白杨早落，塞草前衰"。迦陵先生提到白杨之意象，每当风至，白杨叶摇动而声萧萧，便给人以荒凉之感，秋风凛冽，白杨叶簌簌飘落，这景致更添了几分悲凉。边塞草木易凋，霜气初至，便生凋敝之意。以白杨、塞草两物便兴而引出广陵城的荒凉之感。再到"孤蓬自振，惊沙坐飞"一句，迦陵先生用平实的笔触，让人眼前生出一幅秋日蓬草枯折图，秋风未落，蓬草便随风而折，自拔而起，沙石本坐于土中，凛风忽至，沙石纷纷惊坐而飞，与折断的蓬草杳杳飞于天际，更添几分荒芜萧索之意。

温儒敏先生曾在《小学语文中的"诗教"》一文中提出："目前语文课中的诗歌教学，对想象力的维护与激发是很不够的，离有意识地训练学生的'直觉思维'和'形象思维'更是遥远。"如迦陵先生一般，讲诗词歌赋，便能让人眼前生出画面，析景致意象，便能让人拊掌而和，仿佛跨越时间和空间的鸿沟，与吟诗作赋之人心意相合，同犀悲喜，这才正应了感悟兴怀，起由心生。

无上三藐三菩提，诗词达诂无定法

时代风物各有兴衰盛败，亦常衍生风格各异的诗文。如建安风骨慷慨悲凉，由"白骨露于野，千里无鸡鸣"之哀，转而生"周公吐哺，天下归心"之愿。刘勰曾言："观其时文，雅好慷慨，良由世积乱离，风衰俗怨，并志深而笔长，故梗概而多气也。"

魏晋风度放浪于形骸、游于方寸物外，时有名士嗜酒能啸，好服五石散，宽袍长衣，居丧无礼，废诸礼、行随所愿，以此抵抗时局之哀。阮籍《咏怀八十二首·其三十二》诗意晦涩、艰深而其韵无穷："朝阳不再盛，白日忽西幽。去此若俯仰，如何似九秋。人生若尘露，天道邈悠悠。齐景升丘山，涕泗纷交流。孔圣临长川，惜逝忽若浮。去者余不及，来者吾不留。愿登太华山，上与松子游。渔父知世患，乘流泛轻舟。"品其意象，阮籍似乎借白日西幽抒时光流逝之感叹，结合时局而看，又似以朝阳转白日，隐喻曹魏国运之式微。而后援引《论语》《楚辞》《庄子》等书中之典，将其不愿踏入世事之熔炉，欲效渔夫隐于世外之愿景抒发得淋漓尽致。

董仲舒在《春秋繁露》中曾提出"诗无达诂，文无达诠"之见，时人对《诗经》的注解各有相异，众说纷纭，加之诗歌兴咏而发，"兴发于此，而义归于彼"。视角不同，心境各异，对于同一诗词文本，常有不同的感触。甚至在诗歌的教学中，执教者对诗歌的鉴赏与品析，也与个人的思想境界、阅读层次、人生经历密切相关。同为雨中之景，少年不识愁滋味，听雨歌楼之上，有红烛罗帐之绮丽；壮年羁旅他乡，听雨客舟之中，余江阔云低之萧瑟；晚年饱经离合之悲欢，听雨僧庐之下，鬓发如霜踽独行。一腔愁绪，万般凄苦，皆由时间年岁之异，而心境大相径庭。

王维所作《使至塞上》朗朗上口，千古流传。一、二句"单车欲问边，属国过居延"尚未写至景致，但边塞辽阔邈远之感已在心中。三、四句"征蓬出汉塞，归雁入胡天"取蓬草飘零之意，自喻羁旅难归之愁绪，或又与政治时局、党派斗争相联，亦未可知。雁有归巢，人却未有归期，诗人以蓬草自喻，又以归雁反喻，倍增哀意。五、六句"大漠孤烟直，长河落日圆"更是千古名句。曹雪芹在《红楼梦》香菱学诗一回合中，借香菱之口，解读此二句，香菱说："想来烟如何直？日自然是圆的。这'直'字似无理，'圆'字似太俗。合上书一想，倒象是见了这景的。要说再找两个字换这两个，竟再找不出两个字来。"大漠孤烟，气象雄浑，莽莽黄沙之中，诗人纵于马上，极目远眺，见边塞烽火燃烟，长河落日相映，天地间此景浩瀚，此情无限壮阔！末两句"萧关逢候骑，都护在燕然"以偶遇候骑纪事，得知统帅仍在前线未归。诗人被排挤的孤寂之感再次升华，竟在大漠黄沙的雄奇景象中衍生出一份豁达之情。

然而迦陵先生评此诗时却提出，前半首自然超妙，第五、六句佳句之后，末两句却极度"世俗而不和谐"。迦陵先生认为，王维在此借窦宪燕然山刻石记功的典故来逢迎赞美塞上使君，并非由其内心的真情实感而生。这番解读，诗意诗境便又有了微妙之变，为我们解读《使至塞上》一诗提供了新的视角。诗词达诂，无甚定法，譬如杜甫诗解之者众多，其中争议之篇，便是一种多样性的可能，令人读之，大相异趣，更得古诗鉴赏之妙。

致身正坐微沉吟，涵泳玩索兴味长

诗无达诂，在品读沉浸之中，各得兴味妙法，诸法之中，涵泳重不可缺。曾国藩致子书中，曾对"涵泳"一法有所诠释，"涵泳者，如春雨之润花，如清渠之溉稻"。温儒敏先生认为，在古诗词教学的过程中，追寻作者"原意"的溯源性审美，以及让学生沉浸于作品之中，形成自身感受的"生发性审美"，应兼而有之，不可偏废。在诗歌教学中，对诗意的品析如果直接以白话文相译，诗境中仅反复猜度作者所思所感，其意趣韵味便大有不及。涵而泳之，在反复的吟诵中，联想场景，重构画面，知时世，体诗人，感诗意，品诗境，方可尽得诗情。

北宋诗人曾公亮《宿甘露寺僧舍》一诗中全无实笔，"枕中云气千峰近，床底松声万壑哀。要看银山拍天浪，开窗放入大江来"。开篇未写甘露寺之高，却能见枕中云气，仿佛令人眠于千峰之上。万壑峰仞之下，松涛之声哀号高呼，更有险要之感。"枕中""床底"又暗扣诗题之"宿"，暗点夜色之寐。以触觉写枕中湿漉云气，以听觉写波涛汹涌，以感觉写千峰万壑之高，未有一字描绘画面，却让人读来身处画中、心入情间。后两句更是气势雄浑，松涛声搅扰，居高而危，诗人不能成眠，推窗便见江水逶迤腾起巨浪，波涛汹涌成山，在月色映照下银光粼粼，拍天而起，浪潮之沉重，波涛翻腾之气势，仿佛把那惊涛骇浪送入房中。令人不禁思至北宋政治变革，虽看似太平气象，内里亦是波涛暗涌。全诗一句一景，格局恢宏，只有在涵泳之中，方能品其真味。若直接一字一句逐一析读，不免流于形式，那情那景便不能真真切切地送入眼中。

春华初茂，风拂新绿；春雨润泽，万物生长。春景常以明媚的春光、欢快的啼鸟、潇潇的细雨、芬芳的百花，让人体会莺啼花漫的无边春色。然而杜甫诗中，却常以春之乐景，抒国之哀情。如《哀江头》中"江头宫殿锁千门，细柳新蒲为谁绿"，国破家亡，江山易主，草木失却故国，一番新翠，为谁而绿？以无情之物，衬感怀之悲情。又如《春望》中"国破山河在，城春草木深。感时花溅泪，恨别鸟惊心"，全诗以望春景起篇，城之春景本应鸟语花香、草木新生，然而国破城荒，诗人见长安城萧条衰败、草木成灾，寄情于景，面对这番破碎的山河，让春花也为之溅泪，春鸟也因此惊心，王夫之在《姜斋诗话》中所言"以乐景写哀，以哀景写乐，一倍增其哀乐"便是如此。在反复涵泳之中，那国破家亡的沉郁悲痛便愈显顿挫，与家人离别之愁思亦愈增其悲恸。

迦陵先生在《古诗词课》一书的前言中曾说："真正伟大的诗人，都是在用自己的生命来写作自己的诗篇的，都是在用自己的生活来实践自己的诗篇的，这些诗篇中蓄积了这些伟大诗人的心灵、智慧、品格、襟抱和修养。而我所要做的，就是通过讲述这些伟大诗人的作品，使这些诗人的生命心魂得到再生的机会。"愿古诗词的声韵之美、艺术张力，能够通过一节节古诗词课，润泽于心，绵延不休，生生不息，而至千秋，而传万世。

试种一粒籽

深圳市宝安区灵芝小学　夏一嫚

　　中华优秀传统文化博大精深、源远流长，自三皇五帝以来，一直延绵不断、薪火相传，今天仍然具有广阔的生存空间和现实价值，对于增强文化自信、构建和谐社会和实现中华民族的伟大复兴具有重要的意义。有位教育学家曾说："中小学传统文化教育是开展传统文化教育的基础性工作。"部编版道德与法治教材中蕴含着丰富的传统文化，旨在让学生从道德与法治的学习中了解和感受传统文化，发扬和继承中华优秀传统文化。

　　北宋思想家、教育家张载曾说："为往圣继绝学，为万世开太平。"道德与法治的教学不可能脱离生活，而中华优秀传统文化也根植于生活，所以在道德与法治的教学中，融优秀传统文化于生活，从而提高学生的个人素养、家国情怀和社会责任感，就显得尤为重要。

　　二年级道德与法治下册第一单元"让我试试看"第4课为"试种一粒籽"，讲的是春天是万物生长的季节，小小的一粒种子可以长成参天大树，也可以让农民伯伯过一个快乐的丰收年。通过这一课的学习，学生们可以亲身体验一粒小小的种子是怎样慢慢长成植物直至收获果实的，同时懂得要节约粮食，光盘行动人人有责。这是一篇兼具优秀传统文化传承和良好道德品质培养的课文。

　　课堂上，我选择从《典籍里的中国》入手，让学生们了解三百年前《天工开物》的作者宋应星和我们现代的袁隆平爷爷，他们有着同样美好的禾下乘凉梦。宋应星立志做田里的圣贤，学神农，种五谷，做着让天下衣食富足的美梦，立志写下《天工开物》。袁隆平是让中国人"端牢"饭碗的英雄，是他让一粒粒小小的种子改变了全世界，让万千民众告别了饥饿，实现了禾下乘凉的美梦。这是千百年来中国科学家共同的梦。

课堂从观看视频导入，从打开学生的心灵开始，然后由观入思。唐代诗人李绅《悯农》中有一句"春种一粒粟，秋收万颗子"，这个世界因为有了种子，才有了无数生命的诞生，以此让学生进一步了解神奇的种子。还可以给学生补充关于种子的小知识：柳絮中的小黑籽是柳树的种子，杨树也是一样；西红柿的种子是很小很小的颗粒；黄瓜籽是老黄瓜的种子；萝卜的种子是萝卜开花后结的籽。还可以让学生们说说自己认识的种子。我还给学生们补充了孟郊的《春日有感》："雨滴草芽出，一日长一日。风吹柳线垂，一枝连一枝。独有愁人颜，经春如等闲。且持酒满杯，狂歌狂笑来。"让学生们从古诗词中体悟古人对种子的感情。

由思导行。课堂上我还让学生们制订自己的种植计划，规划需要准备的事项。例如，有的学生的种植计划是播种一粒水稻，并观察每天的变化，做好记录。除此之外，还需要细心呵护，勤除草，适时施肥、浇水。一两周之后，我让学生在课堂上分享种植的经验和种植过程中神奇的发现。

由行至悟。2021年5月22日袁爷爷永远离开了我们，举国默哀。在道德与法治课上，我教育学生一定要永远记得袁爷爷的名字，记得袁爷爷的"天下富足、禾下乘凉"的伟大梦想；记住他为了这个梦想辛苦一辈子的奉献精神。怀念袁老的同时，我跟学生们分享了他在80岁时写给母亲的一封信《妈妈，稻子熟了》："稻子熟了，妈妈，我来看您了。……他们说，我用一粒种子改变了世界。我知道，这粒种子，是妈妈您在我幼年时神卜的！……一辈子不曾耕种过的母亲，稻芒划过手掌，稻草在场上堆积成垛，谷子在阳光中哔啵作响，水田在西晒下泛出橙黄的颜色。这都是儿子要跟您说的话，说不完的话啊！"这封感人至深的信，写出了袁老的家教，写出了袁老的个人素养。我们从小该怎样树立自己的目标？该养成怎样的好习惯？该如何持之以恒地为梦想奋斗？这是每个人都需要思考的。

"试种一粒籽"不单单是为了让学生了解种子的种植过程，而是将传统文化融入小学道德与法治课堂。它需要更加尊重学生内心真实的感受，寻求两者的契合点，保障传统文化的融入，以促进道德与法治课堂教学质量的提升，同时增强学生对我国优秀传统文化的热爱。

从"举案齐眉"到"言传身教"：
在国学经典里寻找家庭教育方法

深圳市宝安区灵芝小学　林　茜

当前家庭教育当中的教导语言，从本质特征上看是规训式的语言，家长们用陈词滥调对孩子的日常行为进行规范。这样的语言在向孩子灌输道德知识的同时，在规训孩子的情感、态度、思维方式以及个性。原有的思想教育语言或如医学名词一般生硬，或如白开水一般苍白无力——很明显，无论是学校的德育语言还是家庭的规劝语言，都已经无法满足孩子的教育要求。

在小学阶段利用国学经典来教育学生，更易于激发学生的内在潜力。孟子说："天将降大任于斯人也，必先苦其心志，劳其筋骨，饿其体肤，空乏其身……"这话如激奋的号角，促使天下学子勤奋好学。这几句话没有推理、没有论证，其感染力来自孟子的道德人格——浩然之气。可见，优秀传统文化的道德语言是贴近心灵的语言，是让人能诗意地栖居在大地上的语言。它是一种初始的、未经制作的语言，是中华民族在劳作过程中自然产生的，是最贴近心灵的。因此，父母应该在国学经典故事中学习反省自己，学习相关的家庭教育知识，力求成为合格的父母。

一、举案齐眉：家庭成员的和睦相处能让孩子找到品德方向

大多数问题学生的背后，都会存在一个问题家庭。因此，利用经典故事来引导家庭成员和睦相处，是中华优秀传统文化资源库的良好利用途径。

第三章　清音由心生

《后汉书·梁鸿传》里记载："为人赁舂，每归，妻为具食，不敢于鸿前仰视，举案齐眉。"梁鸿与孟光夫妇举案齐眉的举动，是夫妻间相互谦让、互相尊重的一个极好的例子。而中华优秀传统文化"五伦"中，就有"夫妇有别"一说，意思就是"做丈夫的要对妻子有恩义、情义和道义，要能领妻成道；而做妻子的要能够温和随顺，要能孝养公婆，和睦妯娌，能助夫成德"①。一个有着良好氛围的家庭，必定会培养出拥有良好品质的孩子，而良好的家庭氛围一定存在着关系和睦的夫妇。《中庸》中说："君子之道，造端乎夫妇。"只有夫妇和睦，才能让孩子从幸福的家庭中感受到最纯洁的爱，并能从父母身上懂得宽容、心怀感恩、学习仁爱，进而转化为自己的博大胸怀。

因此，和睦的家庭要有三间具有强大凝聚力的房子：第一间，盛着我们的爱，它的名字叫作"和"；第二间，装着我们的教养，它的名字叫作"孝"；第三间，承载着我们的品德，它的名字叫作"礼"。这三间房子是我们的育子田野，我们在里面播种着、耕耘着、收获着。

（一）和为贵：家庭成员和平相处

著名诗人、被誉为"黎巴嫩文坛骄子"的纪伯伦写过这样一首诗：

你的孩子，其实不是你的孩子，

他们是生命对于自身渴望而诞生的孩子。

他们通过你来到这世界，却非因你而来，

他们在你身边，却并不属于你。

你可以给予他们的是你的爱，却不是你的想法，

因为他们自己有自己的思想。

所有的孩子都有自己的思想，他们能够独立思考，可以决定自己的行为，即使他们无法为自己的行为负责任。虽然我们不要求孩子和父母有同样的思想，但他们会在潜移默化中被同化。虽然他就是他，是个有独立人格和尊严的人，但正是因为他还小，会受家庭氛围的影响，所以会于无形中步步

---

① 张振鹏.教师的国学素养［M］.青岛：青岛出版社，2015.

紧跟父母的思维；虽然他不是橡皮泥，却会被生活自由地捏造，最终可能会被捏成你最不满意的样子。

孩子是上帝送给人类的礼物。我们必须让他们不受自己坏情绪的影响，让他们成为他们自己。换言之，你若心平气和地处理事情，你的孩子也会心平气和地面对小伙伴之间的冲突；你若在伴侣面前气急败坏，你的孩子也会在同学面前表现得粗蛮暴躁。

幼年是孩子模仿能力的巅峰阶段，他们会默默地看着长辈们的一言一行，无论对错与否，都会模仿一二。当发现长辈们认为"这些行为是对的"时，他们会马上复制般地表现出长辈们的各种行为来。这时的他们如同薄薄的花瓣，心思纤细，家长如因为自己的私欲，不经意间成为孩子行为的坏榜样，就会导致孩子"有样学样"。

因此，家长应该做到以下几点。

1. 心平气和地对待家庭成员

在孩子面前，尽量心平气和地对待家庭成员。即使是发生了矛盾，一旦面对孩子，也应该平静下来，不让无辜的孩子卷入成人世界中。孩子们纯净的瞳孔只需看到世事的美好、人性的友善与生活的愉悦。这需要家人的配合，当意识到孩子有了自我意识后，家庭成员要达成共识——无论发生多大的矛盾，在孩子面前都要和平共处。孩子应该有花一样的童年，他们是自由的、美好的，不应该因为成人世界的烦琐而锁上纤细的眉。孩子不应该承受大人的心理负担，他们应该是快乐、单纯、阳光的。要做到这一点，就应该给他们创造一个快乐而单纯、美好而阳光的环境。

2. 尽量在孩子面前表现出正确的一面

无论聪明与否，孩子们都只是在成长的过程中，他们幼小的心灵中无是非对错观念。于他们而言，生活就如同混沌之初的世界，空旷宽广，他们内心满是好奇，却对如何融入生活毫无头绪。这时家长就成了孩子人生中的第一位老师，家长有义务培养孩子的是非对错观念，保护孩子的心灵，让它不受到伤害，为进入社会做好准备。

当你一不小心让你与家庭成员的纠纷暴露于孩子面前时，旁观纠纷的孩子是最为迷惘的。他们面对着复杂的争吵就如同站在岔路口，一条路满是荆

139

棘，一条路则是康庄大道，但他们却无从选择。这时的你要马上清醒过来，立刻平息矛盾，并站在中立的位置，告诉孩子哪种情况是对的，哪种情况是错的；如果是自己的错误，要在孩子面前大胆地承认，正确地引导他们。你与家人的纠纷只是你们之间的事情，然而对于孩子来说，直接决定了他的价值观和是非观。

一位心理专家说过："无论你多么小心，你的孩子都会留下一些心灵创伤。"家庭成员无论对错，无意的言语都可能会伤害到孩子纯真的心灵。因此，家长的及时安抚和端正态度非常重要。

3. 尽量避免在孩子面前吵架

孟子说过："爱人不亲，反其仁；治人不治，反其智；礼人不答，反其敬。行有不得者，皆反求诸己。"这句话若放在家庭教育中，可以理解为：如果自己爱护的人并不亲近自己，那就要反省自己在仁爱方面的表现是不是有所欠缺；如果在教育孩子（原意是治理人民）方面存在问题，就要反省自己的方法（原意是才智）有没有出现问题；假如以礼对待孩子（原意是以礼待人），孩子却没有以礼对待自己（原意是没有得到相应的报答），那么家长首先要反省自己的行为是否正确。整句话的意思，其实就是如果自己的行为没有取得预期的效果，就应该反省一下自己，面对孩子时亦然。

一个问题孩子的背后，一定有一个问题家庭；反之，一个幸福家庭之中，一定会有幸福的孩子。

父母的行为是孩子的镜子，若想孩子温文尔雅，父母就应该温文尔雅；若想孩子礼貌待人，父母就应该礼貌待人。反之，父母若粗暴无理，孩子则粗暴无理；父母若蛮横刁钻，孩子则蛮横刁钻；父母若心怀怨恨，孩子则心怀怨恨。

（二）孝当先：践行孝道从父母做起

中华优秀传统文化强调教育者对受教育者进行道德原则和规范的外部灌输。正如董仲舒所说："性者，天质之朴也。善者，王教之化也……无其王教，则质朴不能善。"用在家庭教育上，我们可以如此理解：天真的孩子只有经过教化，才能有良好的道德品行。他们如同璞玉，需要家长细细打磨才能熠熠生辉，展露最有修养、最为儒雅、最具气质的一面。

不仅如此，他还认为："夫万民之从利也，如水之走下，不以教化堤防之，不能止也。是故教化立而奸邪皆止者。"言下之意就是：我们必须向孩子传输正确的信息，这样可以防止孩子走向奸邪，在他们的头脑中筑起一道坚实的"精神堤坝"。幼小的他们在这样一个复杂的社会之中是最需要庇护的群体，家长们正确地引导和教育可以使他们学会如何在纷乱之中健康成长。最美的玫瑰需要皮刺自保，最单纯的孩子需要坚强而正义的内心保护。

然而，当作为孩子第一任老师的家长并没有意识到自己的错失时，对孩子来说无疑是灭顶之灾。

我们常常希望孩子是善良而纯真、美好而阳光的，但是孩子自身品德的自主建构主要是通过认识活动和实践活动进行的。他们的眼睛无时无刻不在好奇地观察着世界，他们喜欢把自己不知道的、自己不曾遇见的行为活动归为己用，从而形成自己的习惯，累积而成的就是自身品德。这是一个学习过程，一个转化过程，是我们可影响但不可消除的。

著名心理学家维果斯基认为：人的高级心理机能来源于外部动作的内化，这种内化不仅可以通过学校教学实现，也可以通过孩子的日常生活、游戏和劳动等来实现。

可见，孩子在家里所接触到的每一种现象、每一种行为、每一种语言、每一个眼神，都是他们接受内化的过程。在这样一个过程当中，孩子们会很敏感，他们所接收的信息都有可能成为他们学习的对象。善于模仿的他们，总会默默地收集所看到的一切，又默默地收为己用。因此，当家长对着孩子说长辈坏话时，他们就会把这种语言内化为自己的行为，并表现在日常行为当中。

2008年北京奥运会开幕式导演团队成员、著名导演王潮歌女士在参加中央电视台的《开讲啦》节目时，被问道："您作为一个母亲，是怎样教育您的女儿的？"王潮歌导演笑着说："我认为她应该是怎么样的，我就会在她面前表演。"主持人很惊讶："表演？"她笑着说："是的，表演。比如，我正在跟我妈发脾气，转头一见女儿来了，我马上开始表演，和颜悦色地讨好妈妈：妈，您应该这样……"

可见，一位成功的家长必须认识到：在孩子面前说长辈的坏话，无疑是

第三章 清音由心生

对孩子进行不正确的、消极的价值引导。现今社会上有许多违反中国孝道的行为，之所以会有这样的现象，主要是因为家长对孩子的负面影响。孩子就像一张宣纸，纵使是一滴细小的墨汁，也会在这张宣纸上无限蔓延。

那么，家长应该如何做？

首先，尽量为孩子营造一个和谐的家庭氛围，为孩子思想品德的自主建构搭建一个正确的价值引导平台。南橘北枳，成长环境决定了孩子的成长方向。家长要努力让孩子发现自己是生活在幸福美满的家庭里的，要尽一切所能为孩子营造一个强有力的活动情境导向和精神氛围导向的环境，避免由于个人狭隘和私欲而产生不利于孩子成长的环境。一朵听着音乐长大的花会格外娇艳美丽，更何况是在美好环境之中长大的孩子呢？

其次，创造一种有强大约束力、感染力和导引力的"孝道"氛围，引导孩子孝顺长辈。《说文解字》里提出："孝，善事父母者。从老省，从子，子承老也。"意思就是：孝顺自己的父母，待你老后，你的孩子也会效仿孝顺你。耳濡目染的教育是有效的，也是长久的，可使孩子真正将孝道融入骨髓，形成习惯，代代相传。我们不可能像往水瓶里注水一样将外在于孩子的品德内容注入他们的大脑里，也不可能像陶工烧制陶器那样塑造孩子的思想行为。因为孩子的模仿行为是自己建构知识的过程，他们会对外部信息进行主动的选择和加工，并通过新旧知识经验间反复的、双向的相互作用过程构建自己所理解的内容。

也就是说，当他第一次接收到"你要孝顺爸爸妈妈"的信息时，他首先会在脑海里搜索"怎么做才是孝顺爸爸妈妈"的内容，当他搜索到"爸爸妈妈是这样对待他们的爸爸妈妈的"内容后，会选择同样的行为。因此，家长们要遵循"生活就是教育"这一理念，无论是对待公公婆婆还是岳父岳母，都要为孩子树立一个正面的榜样，让孩子有好榜样可以效仿。孩子如今还只是一块空白的模板，如何塑造出成品、塑造出怎样的成品，关键在家长。

最后，不要在孩子面前说师长的缺点。正所谓"亲其师"，才能"信其道"。孔子曰："知之者不如好之者，好之者不如乐之者。"学生对老师的感情，将会直接影响他对这位老师所教学科的情绪。喜欢老师，就喜欢听老师的课，喜欢学老师所教的学科，相应地，这门学科的学习成绩就会好。亲近老师，方能亲近知识，正如亲近自然，才能真正地感受生命的律动，老师和学生的交流才能不存顾虑、有问即问、深入内心。家长教孩子"尊师"，老师教孩子"孝亲"，做到"亲师合作"，这样才能给孩子营造最好的学习环境，铺设最好的成长道路。

古代有"天地君亲师"的思想，最早发端于《国语》，形成于《荀子》，流行于西汉思想界和学术界，到了明朝后期更是在民间广为流传。而古代学子进入私塾时，要跟父亲一起给夫子行三跪九叩大礼。众所周知，父亲在孩子眼里是天，而父亲带着孩子行如此大礼，会让孩子建立了"一日为师，终身为父"的观念。

（三）礼为本：优雅文明是做家长的基础

孔子曾经对自己的儿子孔鲤说："不学礼，无以立。"众所周知，有礼走遍天下，无礼寸步难行。一个孩子如果不懂得基本的礼仪，不但会在交往中遇到障碍，无法结交朋友，也容易被别人低看。注重对"礼"的培养，一直贯穿在中华民族的行为习惯当中。荀子说过："人无礼则不生，事无礼则不成，国无礼则不宁。"《礼记·曲礼》中也记载："人有礼则安，无礼则危，故曰礼不可不学也。"意思是说，一个人若有礼仪，内心则会安宁祥和；而一个无礼的人，则是危险之人，因为他的内心没有安全保障。因此，人不能不学习礼。若说花茎是支撑花生长的依靠，那么礼就是立人之本，是一个人成就一番事业的前提条件。

中国人常说"望子成龙，望女成凤"，成龙成凤不应该仅仅是成绩好、学习好，更重要的是有好的文化修养。一个人的文化修养就如同一幅画的整体色调，若画作上的线条精细、描绘生动，但整体色调古怪突兀，那么整幅画作也就无法让人们留心欣赏了。正如著名作家梁晓声所说，"文化"可以用四句话来表达：根植于内心的修养，无须提醒的自觉，以约束为前提的自由，为别人着想的善良。

然而，要培养孩子的文明举止，家长不能仅靠学校，更重要的是靠自己。因此，家长要做到以下几点。

1. 改变观念：亲属都是老师

著名教育家杜威提出："教育即生活。"从这个意义上来说，孩子从

睁开眼睛观察世界开始，就在学习一种名为"生活"的技能，它是一种无所不包的活动，包括孩子所要做的、所面对的、所遭遇的、所追求的。它们如同早春的惊雷、冬夜的寒凉，有轻松、有艰难，但于孩子而言却都是必须经历、必须学习的。因此，孩子要学习怎样活动和如何接受这些活动。这些技能在他们没有进入学校之前，只有一种人能帮助他们，那就是家人——每一位家庭成员都应该是老师。

随着孩子的成长，他们会逐渐形成自己的审美能力和判断能力。然而在纷乱繁杂的社会中充斥着各种不良信息，懵懂的他们将无法选择，像是坠入了无限循环的圆般晕头转向、无从下手。面对两难抉择，他们会第一时间将目光投向最亲近的人——家人。

因此，每一位亲属都应该是孩子的老师。无论你是他们的祖父或外祖父，还是舅舅或姑姑，甚至是婶婶、舅妈……你都是孩子的老师，你的行为会在他们幼小的心灵里留下或深或浅的痕迹，会成为孩子行为规范自我更新的构成要素，渐渐形成他们的行为习惯。树林里的树大多相仿，并不会大相径庭，一家人亦是如此，如果大家都性行淑均，那么孩子也会德艺双馨。因此，每一位亲属都应当以身作则，努力成为孩子的好榜样，一家人带动孩子成长，为孩子营造最好的成长环境。

《德育过程论》一书中提出："人要想生活、生存和发展，要想利用环境使自我更新，就必然要关涉他人、社会、自然，就要同这些要素发生关系，就需要遵守一定的规则。"[①]家人的行为习惯，在孩子眼里就是他们所需要遵守的规则。就像自然界的百花总遵守着不变的花期，孩子也会将学习家人的行为这种做法看作习惯，把吸收的养分看作准则。

2. 注重细节：从一言一行开始

《论语·公冶长》里有这么一句话："始吾于人也，听其言而信其行。今吾于人也，听其言而观其行。"意思是说，以前听一个人说什么，就相信他会这么做；但现在，不仅要听他说什么，还要观察他做什么。正如见到花开

---

① 范树成.德育过程论［M］.北京：中国社会科学出版社，2004.

才能真正地感受到春天到来一样，孔子认为，人的品德并不只是从他的语言体现出来的，更重要的是他的行为和表现。只有品行高洁、思想独立、德才兼备的人，才能成就一番事业。

3. 提高标准：我们都是优雅的人

英国知名音乐剧与电影女演员、被世人誉为"最优雅的女人"的奥黛丽·赫本说过这样的话："如果你想红唇诱人，请说善意的话；如果你想明眸善睐，请看别人的优点；如果你想秀发飘飘，请让孩子每天用手指梳理一次；如果你想仪态优雅，走路时要时刻想着：你不是一个人，有一群朋友在关心着你。"父母是孩子接触到的第一位成年人，他们的形象直接影响孩子成年后对理想中男女形象的定义。钱文忠教授认为：母亲是孩子最早的、终身的导师；父亲是孩子长大后，最终能够理解的榜样。因此，作为母亲，无论你的长相如何，只要平时注重细节，让自己的行为举止高雅而不失文明，那么在孩子心目中就是高贵而美丽的，而当你做到这一切后，收获的绝对是双赢的成果。母亲应当作为一个女神的形象出现在孩子的生活中，一面成为他们的偶像，一面庇护他们成长。

二、言传身教：立德成己能让孩子有最终能理解的榜样

《世说新语》第三十六篇"言传身教"里有这么一个故事：谢公夫人教儿，问太傅："那得初不见君教儿？"答曰："我常自教儿。"钱文忠教授说过："母亲是孩子最早的、终身的导师；父亲是孩子长大后最终能够理解的榜样。"作为一个合格的家长，我们必须做到"己欲立而立人，己欲达而达人"，做好自身，身教绝对胜过言传。

人们往往重"言传"而轻"身教"，总把"言传"放在"身教"之前，认为只要用语言教化即可，并在看到初步的成效后就放弃了。要知道"言传"是嘴上功夫，来得容易去得也快。"身教"则是行为习惯，非一朝一夕能养成的。就好似"治根"和"治本"的问题，真正的教育应该是实现一种从内而外的变化。如何做到"身教"，才是做父母应该思考的重要课题。

《论语·子路》中孔子说："其身正，不令而行；其身不正，虽令不从。"意思是说，当你自身端正地做出表率时，不用下命令，你所管理的人

也会跟着行动起来；相反，如果你自身不端正却要求对方行为端正，那么纵然三令五申，对方也不会服从。教育是一种重复的行为，更深远、更长久的教育效果需要家长的"身教"才能获得。一两次瞬间性的影响不过是混乱的蒙太奇，只有不断地重复，才是言传身教的本质和前提条件。

要做到"言传身教"，就要学会为自己添上三道光华：第一道是好的兴趣爱好，第二道是好的学习环境，第三道是好的性格脾气。这三道光华一旦齐展光彩，你的家教就拥有了天时、地利、人和的完美战略。

（一）天时：好的兴趣爱好，谱写家庭氛围的乐章

《孙膑兵法·月战》有言："天时、地利、人和，三者不得，虽胜有殃。"一位拥有良好生活习惯和兴趣爱好的家长，在家庭教育这方土地上，无疑会拥有天时。

费孝通先生对孩子的心理有过这样巧妙而精彩的描述："我们若观察一个孩子的生活，有时真会使我们替他抱不平。他很像是个入国未问禁的蠢汉。他的个体刚长到可以活动时，他的周围已经布满了干涉他活动的天罗地网。孩子碰到的不是一个为他方便而设下的世界，而是一个为成人们方便所布置的园地。他闯入进来，并没有带着创立新秩序的力量，可是又没有一个服从旧秩序的心愿。于是好像一只扯满帆的船，到处驶，到处触礁了。"[①]

一个新生儿来到这个世界上时，除了最本能的吃喝拉撒外，所遇到的一切事物都成为他研究的"问题"。成人不经意的行为举止、一言一行，对于他们来说都是新奇而陌生的，他们抱着好奇的心灵来对待这一切，无论是好的还是坏的、是积极的还是消极的、是正确的还是错误的。他们每分每秒都在与成人打交道，受成人日常行为的影响并将其内化为自己的习惯。

为此，我们要改变"为成人们方便所布置的园地"，齐心协力地为孩子创设一个"为他方便的世界"，帮助他得到"创立新秩序的力量"，并教会他深入、充分地了解"旧秩序"，为他们营造一方安全而健康的土壤。

由于"儿童最初在家庭私人生活中，从家庭成员的身上习得的社会认识

---

① 费孝通. 乡土中国［M］. 上海：上海人民出版社，2007.

与行为的图式，是行为的原则，而不是行为的细节"①，家长要为孩子设计行为细节，重整自己的生活模式、生活习惯和作息习惯。

要建立良好的生活模式。成人对孩子的无意识的影响是存在于他们的日常交往之中的，孩子的日常行为习惯是从成人身上继承而来的传统。而当成人意识到自己的行为会对孩子产生深刻的影响时，他们就应该有意识地设计教育内容，并将其融入孩子日常生活的行为和习惯中，以此来消除他们对陌生事物、难以把握的新行为和新观念的抗拒。

要认真过好每一天，养成健康的生活习惯和作息习惯。热爱每一天，对每一朵花微笑，给每一座山起个温暖的名字，当你做完这一切，回头一看，你会发现，你的孩子正跟在你后面，学着你走路，他们也会认真对待每一节课，养成健康的生活习惯和作息习惯。

（二）地利：好的学习环境，镶嵌家庭生活的星光

西汉的刘向在《列女传·卷一·母仪》中记载道："孟子生有淑质，幼被慈母三迁之教。"而《三字经》里也有"昔孟母，择邻处"一说。这是一个大家耳熟能详的经典故事，故事的宗旨就是：有一个好的学习环境非常重要。为了孩子的健康成长，家长需要进行一次习惯大改革，而这种习惯改革要从改变家庭学习环境开始。

首先，"潜移暗化，自然似之"，让良好的阅读习惯潜移默化地感染孩子。

南北朝时期著名思想家、教育家颜之推在《颜氏家训》中提出："人在年少，神情未定，所与款狎，熏渍陶染，言笑举动，无心于学，潜移暗化，自然似之。"可见，颜之推非常重视家庭教育的环境，他在《颜氏家训》里告诫子女要审视身边的人，以免因为环境而误入歧途。

教育心理学理论也告诉我们：环境可以作用于无意识或者非理性的心理，进而孕育出某种倾向来。环境的影响是强有力的，家长要不断为孩子创

---

① 袁德润. 文化传统"生命·实践"教育学命脉之系［M］. 上海：华东师范大学出版社，2015.

造良好的学习环境，让良好的学习氛围和学习习惯潜移默化地深入孩子的内心世界。环境对于处在生长发育期的孩子而言，能起到熏陶感染的作用，从而激发他们的心理潜能。

因此，家长要形成"让学习成为习惯"的终身学习观，改变自己的厌学态度，让自己永远处于知识更新的状态；而改变厌学态度可从阅读开始：每天与孩子共同阅读半小时以上，并撰写阅读笔记。年幼的孩子可以要求其复述故事内容，以培养良好的语感；有一定写作技巧的孩子，则可以在书旁做批注，家长也可以从孩子的角度在另一边做批注，然后互相学习（家长甚至可以藏拙，让孩子的观点凸显出来，如此更能提升孩子的自信心）。

其次，"学而时习之"，让"父母是知识资源库"的理念成为孩子强大的学习来源。

要成为孩子的知识资源库，成为孩子心目中的偶像，就要与孩子共同学习，做到他学的知识你都会，他掌握的知识你比他更了解。家长要掌握一些历史典故，用故事的方式来感染孩子；永远保持自己知识更新的力度与速度，每天保证一个小时的亲子阅读时间。

最后，让温馨的家庭语言充盈在孩子的成长之路上。

颜之推非常重视家庭语言，他在《颜氏家训》中提道："吾家儿女，虽在孩稚，便渐督正之。一言讹替，以为己罪矣。"他认为，家长面对稚嫩的孩子时，要注意自己的语言，避免一言失误而伤害到孩子脆弱的心灵。

在特殊时刻，父母的语言能够帮助孩子渡过难关。孩子在每个学习阶段均会遭遇不同的压力，家长要学会用语言来引导孩子，为其减压。

（三）人和：好的性格脾气，点燃家庭对生命的激情

美国社会学家米尔斯（C. W. Mills）提出一个概念："重要他人"。这个概念一经提出，便引起了心理学界和社会学界的广泛关注。作为家长，我们应该成为孩子的"重要他人"，要用自己的行为影响孩子，并使其将此转化为自觉行为。著名作家毕淑敏在她的《谁是你的"重要他人"》一文中提到美国通用电气公司CEO杰克·韦尔奇的事迹。原文如下：

美国通用电气公司CEO杰克·韦尔奇，被誉为"全球第一CEO"。在短短二十年里，韦尔奇使通用电气的市值增加了三十多倍，达到了四千五百亿

美元，排名从世界第十上升到了第二位。韦尔奇说，母亲给他的最伟大的礼物就是自信心。韦尔奇从小就口吃，就是平常所说的"结巴"……

面对这样一个吭吭哧哧的孩子，韦尔奇的母亲居然找出了完美的理由。她对幼小的韦尔奇说："这是因为你太聪明了，没有任何一个人的舌头，可以跟得上你这样聪明的脑袋。"

韦尔奇记住了母亲的这种说法，从未对自己的口吃有过丝毫的忧虑。他充分相信母亲的话，他的大脑比他的舌头转得更快。母亲引导着韦尔奇不断进取，直到他抵达辉煌的顶峰。[①]

文章里这位伟大的母亲并没有因为韦尔奇的口吃而嫌弃和放弃他，而是用自己博大的爱来激励他。这是一位温暖而美好的女性，拥有一颗善良和温柔的心。

孩子是一个脆弱的群体，他们自尊和自信的建立要靠家长的协助。作为父母，我们要允许孩子犯错，不犯错的孩子不是孩子，大人也是在犯错中成长的。因此要学会做一个"好脾气"的家长来帮助孩子成长。可利用温和而巧妙的言语沟通技巧，来把握孩子心理特征和心理需求的"脉搏"，给予科学合理的心理疏导，使孩子认识到家长了解自己、关心自己、重视自己，引导他们改变自我认知，从而提高行为能力并达到改善自我的成效。

泰戈尔说过："如果你把错误关在门外，那么，你也把成功关在了门外。"拥有健康心态的父母，将会培养出拥有健康心态的孩子。而这样的孩子能轻松地对抗压力，让压力化于无形中，不仅仅增强了信心，更能在这种言传身教的家庭教育中学习如何进行自我管理，从而自主找到学习的方法，并阳光活泼地成长。

三、国学经典：国学经典能让家风更正及品德更优

皮亚杰学派总结了儿童年龄分期特征，分别是0～2岁感知运动阶段、2～7岁前运算阶段、7～11岁具体运算阶段、12岁及以上形式运算阶段。这是

---

① 毕淑敏.做一个有香气的女子［M］.北京：国际文化出版公司，2015.

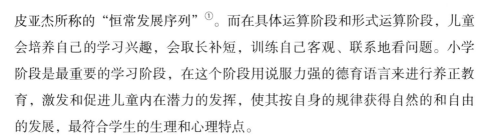

皮亚杰所称的"恒常发展序列"①。而在具体运算阶段和形式运算阶段，儿童会培养自己的学习兴趣，会取长补短，训练自己客观、联系地看问题。小学阶段是最重要的学习阶段，在这个阶段用说服力强的德育语言来进行养正教育，激发和促进儿童内在潜力的发挥，使其按自身的规律获得自然的和自由的发展，最符合学生的生理和心理特点。

（一）国学经典易于激发孩子的内在潜力

中华民族一直有着重视儿童教育的优良传统，注重儿童开蒙时的学习引导，让孩子从小养成将来能够受益终身的习惯和品格，达到"启智"的效果。老祖宗的语言有极强的道德认知导引功能，它要求孩子从细枝末节做起，以便从各个方面养成好习惯、好品行、好修养。孩子不仅能在"人之初，性本善"中明白与人为善的道理，还能在"入则孝，出则悌"中明白侍奉父母长辈、友爱兄弟姐妹的道理，朗朗上口的文字一针见血、直达其意。这些语言在道德意志培养方面的独特之处在于能在尊重本民族语言的基础上，进行多角度的反思透视，自觉地与社会伦理规范构成一个不可分割的整体。传统文化的道德情感陶冶功能可以触动孩子的心灵，从而有效地提高他们的道德能力。

（二）国学经典能巧妙地融入养成教育中

早在两千多年前，我国最早的文献经典《易经》就已经总结了远古的智慧谋略。《易·蒙》提出："蒙以养正，圣功也。"意思是说，对还没有知识状态的儿童施以正确的教育，引导儿童讲规习礼，养成良好的道德品行和修养品行。中国古代圣贤哲人早在五千年前就有"幼儿养性，童蒙养正，少年养志，成年养德"的教育智慧，它高度概括了教育的根本宗旨以及教育的阶段性目标与任务。我们生活在这样一个各种文化相互竞争又彼此依赖的时代，不仅仅需要谋略，更需要生存、生活乃至做人的智慧。

在国学经典中，诸如"卧薪尝胆""悬梁刺骨""凿壁偷光"等故事，

---

① 大卫·R.谢弗，凯瑟琳·基普.发展心理学［M］.邹泓，译.北京：中国轻工业出版社，2010.

千年以来一直引导着人们反躬和比类自身的生活，继而实现自我教育。这种教导注重精神境界的提升和自我修养的培养，把外在的道德要求和内在的道德需要结合起来，为家长对孩子道德意志的培养注入了源源不断的动力。

中华民族经过五千年的历史更迭、朝代变换，形成了重视儿童伦理道德教育的优良传统，集中体现了中华民族的传统美德，是人们从小学做人、学做事的基本准则，是引导人们日常生活行为的规范。中华优秀传统文化可以培养孩子儒雅的大家风度，使其养成良好的行为习惯，造就孩子良好的品格。家长通过中华优秀传统文化进行家庭教育，会让经典在孩子身上发酵，使孩子由内而外地散发出儒雅高贵的气质，在潜移默化中明辨是非美丑。可见，传统美德中的教化功能以最接近心灵的方式，自然地更新孩子的观念，形成了富有民族特色、积极向上的教育体系。

从一课看"走向生活"的
道德与法治教育

深圳市宝安区灵芝小学　蔡广丽

德育作为专门化的道德教育，一定要处理好课程、教材与学生生活的关系。德育教材是为学生编制的，是为学生的思想道德发展服务的，要结合学生的生活经验。因此，对于"公民的基本权利和义务"这一课的设计，我特别关注了贴近学生生活这一点。我以学生一天的所闻、所见、所想作为教学底色，有机地结合课本内容进行整合，使教学尽量贴近生活。

一、课例

环节一：了解基本义务

爸爸跟李铭说："你知道我们都有哪些基本义务吗？"李铭不解地问道："什么是基本义务？"

"公民的基本义务也称宪法义务，是指由宪法规定的公民必须遵守和应尽的基本责任。"爸爸接着说，"今天给你个任务——发现身边的义务。"

李铭笑着说："没问题。"

环节二：孝——对家庭的义务

李铭思考着，该从哪里发现义务呢？他想到，百善孝为先是中华传统美德。看着爸爸照顾奶奶的身影，他先想到了对家庭的义务。

李铭的奶奶身体不好，长期卧病在床，爸爸和姑姑轮流照顾奶奶。爸爸说："我和你姑姑小的时候由爷爷奶奶抚养照顾，为了照顾好我们，他们自己省吃俭用，爷爷去世得早，我们没能在他身边尽孝，现在奶奶年纪大了，我们要照顾好她。"李铭在爸爸的感召下，只要没课时都会帮忙照顾奶奶。李铭觉得他们照顾奶奶就是义务。

同学们，你从李铭一家悉心照顾奶奶这件事上学到了什么？

我们来看看宪法是怎么说的。《中华人民共和国宪法》（以下简称《宪法》）第四十九条第三款规定：父母有抚养教育未成年子女的义务，成年子女有赡养扶助父母的义务。

李铭陪奶奶吃完早餐，又陪奶奶看了会儿新闻。电视里刚好在播放孝星榜样李艳萍，她用自己的行动为中华孝老敬亲的优秀传统美德做了最好的诠释。李铭心想：李阿姨是孝老敬亲的楷模，是我们弘扬传统美德、履行公民义务的好榜样，而且她的行为感召了身边的人，把传统美德发扬下去就是我们的义务。

李铭想问问同学们，应该怎样做到"孝"呢？

环节三：德——对社会的义务

除了对家庭的义务，李铭还想到了对社会的义务。

下午，李铭跟同学们一起参加社会实践活动，他们排着整齐的队伍来到停车场，在老师的带领下，排着队有序上车，上车后依次坐好，并系好安全带。他们不大声讲话，以免影响司机叔叔；他们在车上不吃零食，不乱扔包装袋；到了基地，他们集体行动、遵守纪律，不追逐打闹、不践踏草坪，爱护花草树木，不乱扔垃圾，遵守公共秩序，讲究社会公德。

李铭请同学们帮他总结一下他们都履行了哪些义务。

我们来看看宪法是怎么说的。《宪法》第五十三条规定：中华人民共和国公民必须遵守宪法和法律，保守国家秘密，爱护公共财产，遵守劳动纪律，遵守公共秩序，尊重社会公德。

环节四：忠——对国家的义务

社会实践基地播放的七一勋章获得者陈红军英雄的宣传片，引起了李铭的思考。我们一起来看一下：陈红军英雄履行了什么公民义务？

我们来看看宪法是怎么说的。《宪法》第五十二条规定：中华人民共和

153

国公民有维护国家统一和全国各民族团结的义务。

李铭想起爸爸跟他讲过中华人民共和国公民必须遵守宪法和法律，保守国家秘密。原来维护国家统一和民族团结，保守国家秘密是每个公民对国家的义务。每个公民的义务包括对家庭的义务、对社会的义务，还包括对国家的义务。那么，生活中我们该怎样自觉地履行义务呢？

环节五：自觉履行义务

晚上，李铭一家三口去饭店吃饭，结账时服务员说："不开发票，就可以送你们一个小水杯。"李铭很喜欢那个水杯，但爸爸还是要求开发票，服务员又说："我们饭店规定消费不满300元不能开发票。"爸爸很生气，说："哪里有这种规定？你们再不开发票，我就打纳税热线12366！"服务员这才很不情愿地给他们开了发票。回家路上，李铭想不通爸爸为什么非要发票不可。爸爸说："税收取之于民，用之于民。纳税是每个公民的义务。我们的餐费里包含了饭店应该缴纳给国家的税款，如果我们不要发票，饭店就可能逃税，国家的税收就会因此流失。"

同学们，你们能帮李铭分析一下这涉及哪项义务吗？要怎么履行这项义务呢？

《宪法》第五十六条规定：中华人民共和国公民有依照法律纳税的义务。第五十四条规定：中华人民共和国公民有维护祖国的安全、荣誉和利益的义务，不得有危害祖国的安全、荣誉和利益的行为。

同学们，这回你们知道李铭爸爸为什么一定要开发票了吧？依法纳税是每个公民的义务。同时，李铭爸爸告诉了我们一个依法维权的途径，那就是拨打纳税热线12366。什么是纳税热线12366？让我们一起来看一段视频。

消费者的合法权益受到法律的保护，我们要依法维护自己的权益，经营者也有义务提供优质的商品和良好的服务，要依法经营。我们每个人都应该向李铭爸爸学习，因为维护国家的利益是每个公民应尽的义务，我们要自觉履行义务。

晚上回到家，李铭翻看相册，发现了爸爸以前的一些照片，缠着爸爸给他讲故事，让我们也一起看看这些照片吧。

爸爸问李铭："从爸爸的成长经历中，你有没有看出我享有哪些基本权利，履行了哪些基本义务呢？"

"爸爸能不能只享有权利，不履行义务呢？"

对，不能。公民是合法权利的享有者，也是法定义务的承担者，任何公民都不能只享有权利，而不承担义务；也不能只承担义务，不享有权利。权利和义务相互依存、相互统一。

李铭跟爸爸说着一天的观察，他发现了很多公民的基本义务，他画了个思维导图，跟大家分享他的发现。（展示思维导图）

同学们，你们有什么要跟李铭分享的吗？

这节课，我们跟着李铭一起学习了公民的基本义务。我们知道，任何公民都享有宪法和法律规定的权利，同时必须履行宪法和法律规定的义务，权利和义务是一致的。公民履行义务既包括做法律规定必须做的事情，也包括不做法律禁止做的事情。宪法保障公民的基本权利和义务，权利的实现需要义务的履行，义务的履行促进权利的实现。希望同学们从小做起、从我做起，依法履行义务、自觉履行义务。

二、简析

儿童的道德成长是基于其自身经验的，是在自身经验的基础上经由引导而得到发展的。如果说外在引导是"阳光雨露"，那么儿童自身经验就是根本性的力量。而经验与生活是一体的，所以源于生活的教育才能带给儿童更好的体验。

《义务教育品德与社会课程标准（2011年版）》以"回归儿童生活"为核心理念，为中国德育课程开创了一条新的道路，一条生活化的道路。在这一课中，我以学生一天的观察发现为主线，把对家、对社会、对国家的义务融入其中，增强学生的体验感，既让学生感悟到义务就在身边，也让学生明晰每个人应尽的义务。

如何更注重德育，如何让教育更贴近生活，将是我今后在道德与法治教育中不断探索的问题。

第三章　清音由心生

耕传统文化沃土，育祖国未来花朵

——浅谈如何将优秀传统文化融入小学道法大课堂

深圳市宝安区灵芝小学　梁婵娟

中华传统文化是中华民族的根和命脉。习近平总书记指出："中国优秀传统文化的丰富哲学思想、人文精神、教化思想、道德理念等，可以为人们认识和改造世界提供有益启迪，可以为治国理政提供有益启示，也可以为道德建设提供有益启发。"

小学生正处于人生观、价值观逐步形成和确立的阶段，思想道德品质也在教育的作用下不断完善提升。小学道德与法治教育是提升学生思想道德品质的重要途径。中华优秀传统文化中蕴含着丰富的哲学思想、人文精神、教化思想、道德理念，将传统文化融入小学道德与法治教育大课堂，有助于学生形成社会主义核心价值观，是时代的召唤，也是学生成长的需要。

一、在课堂教学中生根萌芽，加深理解

将传统文化融入小学道法大课堂，就像在学生内心播下了一颗文化的种子，要加以精心浇灌与施肥。

首先，在道法课堂中直接浸润优秀传统文化。在教学过程中，要注重深挖教材、合作探究与拓展延伸，构建活力课堂。无论是课本中的"人与自我"，或是"人与自然"，还是"人与社会"板块，都可融入"传统文化"的内容，以深化主题。例如，教学六年级下册"多样文明多彩生活"一课时，教师让学生在世界文明长河中遨游的同时融入中华传统文化；以"李子

柴"为切入点，让学生学习李子柒如何结合现代手段传播传统文化，用榜样的力量感染学生，加深学生对勤俭节约、自给自足、自力更生、丰衣足食以及传承民族传统工艺与技巧的理解，让他们成为传统文化的践行者和传播者。在学习过程中，学生合作探究，通过自行收集资料、分享视频、小组汇报等一系列学习活动参与体验。最后，教师让学生开展辩论赛，发表对李子柒DIY传统生活方式的看法和观点。正方强调自给自足、自己动手、朴素传承、人类智慧等传统，反方强调工业生产、人工智能代替劳动力、生产发展等现代化方式。学生们各抒己见，在思维碰撞的火花中给自己种下一颗用辩证的眼光看待问题的种子，形成了"取其精华、去其糟粕"的意识，提高了学生的质疑精神、批判精神和创新精神。

其次，在学科教学中间接渗透优秀传统文化。传统文化进校园，在倡导学科融合的大课程背景下，每一门学科都是道德与法治教学的阵地。如在英语课上教学The Double Ninth Festival时融入中国传统节日——重阳节，让学生了解重阳节是敬老节，是孝敬老人的节日，引导学生在生活中孝敬老人及师长，布置"我给家中长者端杯水/捶个背……并用英语送祝福"的作业。又如在语文课上教学古文《学弈》一课时，让学生揣摩每一位人物的性格特点，穿上汉服进行活灵活现的表演，整个教育过程春风化雨、润物无声。

二、在日常常规中苗壮成长，知行合一

陶行知先生说过：生活即教育。校园生活、家庭生活也是学生道德与法治课堂的延伸，属于道法大课堂的范畴。

首先，在班级管理中渗透传统文化。班集体是学生在校生活的大本营，大到方向的引领，小到生活中的每一个细节行为，都是学生思想道德水平的体现，同时作用于学生思想道德品质的提升。统一目标、舆论导控、文化熏陶是操作实施过程中的三个小锦囊。班集体定下"为我的幸福生活增添翅膀"的目标、"人人为我，我为人人"的口号后，在践行过程中就要适时导控班级舆论。学生的思想道德建设要结合传统文化中的"仁义礼智信"及现代的社会主义核心价值观进行，班风舆论也必须紧紧围绕这两个方面，抓住每一个细节中的教育契机适时整顿。如发现撒谎的学生，可以通过个别谈话

和班级短会的形式转化学生并进行集体教育，处理原则是首先要接受撒谎的学生，他撒谎可能是源于恐惧，源于逃避责任，在他无助的时候，老师千万不能只顾批评和排斥，而是要接纳他、原谅他，帮他分析原因，引导并纠正他的思想，给予他改进建议等。又如，经常与同学闹矛盾的学生，不少是因为想引起同学的关注但方式方法不当而导致的人际交往障碍。通过"仁义礼智信"思想的渗透、同学的宽容、自我认识的提高、自我情绪的调整等，逐步掌握"将心比心"的人际交往方法。此外，文化熏陶也是一个重要的锦囊，可结合已有校本资源开展。如在六一的前一天，教师带学生游览学校的"灵芝十景"，学生通过亲身游览"国风校门、三省屏风、诗囊书社、灵韵舞台、日照池塘、一勺亭、孔子讲学、知鱼桥、赫曦厅、穿砚书舍"等，感受传统文化之博大精深，体验传统文化精神之精髓，助力自身成长。每一名学生就是班集体中的一个点，由点成面，如果每个学生都在个性自由发挥的同时尊重他人，班级将更加和睦，同学将更加团结。

其次，在家校共育中融入传统文化。家庭是学生的第一个启蒙学校，其思想道德价值观都受到家庭潜移默化的影响。教师可以通过与家长共读《弟子规》《诫子书》《慈母训儿》《中国家风家训》等书籍，提高家长的育儿水平。教育者应以身作则，言传身教，为人表率，努力做出榜样，树立威信。正如孔子所说："其身正，不令而行；其身不正，虽令不从。"同时要通过"孝"的实践，提升学生的思想道德水平。如在家使用礼貌用语，对父母长辈常说"请、谢谢、您、对不起、爸爸妈妈我回来了、爸爸妈妈我去上学了"；又如坚持每天做家务，每天都积极主动地参与"摆饭桌、拿碗筷、给家人盛饭、洗碗、洗衣服晾衣服、扫地拖地、洗菜做菜"等，在劳动中体验父母的不容易，从而更加懂得勤俭节约、心疼父母、珍惜他人劳动成果的道理。

三、在主题活动中优雅绽放，创新发展

主题活动是道德与法治课堂的必要补充，学生能在参与体验中提升思想道德品质。

首先，在传统节日活动中传承与发扬。每一个传统节日都是最佳的教育

契机。上学期有清明节、端午节等，在特殊的日子里缅怀先人、感恩先人，继承先人的优良传统和优秀精神，能让学生在未来的学习生活中激发斗志，奋发图强。下学期有中秋节、国庆节、重阳节，让学生学会感恩祖国、感恩家人、感恩长辈。有国才有家，我们的祖国正处于经济飞速发展的阶段，在国庆节之际，学校组织学生到深圳南山高科技园感受高科技的发展，亲自看一看人工智能机器人代替人类完成的一些不可思议的工作，如激光切割钢铁、3D打印、人脸检测等，以增强学生的爱国主义情感。又如，重阳节时让孩子给爷爷奶奶颁发"奖状"，通过老师的指导，孩子精心自制奖状，颁发给"最佳爷爷奶奶"。对平时只能接受奖状的孩子而言，有机会颁发奖状一定会让他们记忆深刻；而接受孩子"奖状"的爷爷奶奶乐得合不拢嘴，孩子们也必然会受到正能量的感染，正所谓"蓬生麻中，不扶而直"。

其次，在新闻时事宣传中丰富与创新。新闻时事是道德与法治课程的必要补充，有助于开阔学生眼界。如根据这学期国家发生的一些时事新闻，分别开展"我用诗歌创作颂英雄""我用光盘行动敬先锋""我用剪纸艺术谢天使"和"我用创作发明崇模范"活动。2021年3月，针对"中印边界冲突"事件，开展了"清澈的爱只为中国"主题班会，班会上同学们用写自由诗歌的形式向英雄们致敬，表达自己的真情实感，用榜样的力量、真真切切的事实激发同学们深深的爱国主义情感。2021年5月用主题班会、光盘行动表达对"杂交水稻之父袁隆平""中国肝胆外科之父吴孟超"两位院士的纪念和敬意，用事实引导学生懂得饮水思源，懂得感恩、回报和珍惜祖国、社会与家人。与此同时，以全员核酸检测为内容，孩子们用剪纸的形式将核酸取样的场景栩栩如生地表现出来，赠送给白衣天使们，以表感恩之情。后来还有学习模范等活动，学生积极分享自己的想法，表示作为中国人，祖国的崛起使他们备受鼓舞、倍感自豪。学生纷纷表示，新时代的祖国发展日新月异，我们要在传承传统的同时，不断丰富我们的民族文化，增强民族文化自信。

中华传统文化犹如肥沃的土壤，滋养着一代又一代中华儿女。将传统文化融入小学道法大课堂，有助于实现立德树人根本任务，有助于学生将中国优秀传统文化中所蕴含的丰富的哲学思想、人文精神、教化思想、道德内化于心，外显于行，知行合一，努力将自己塑造成可信、可爱、可敬的中国公民。

159

参考文献

［1］项前.南怀瑾的传统文化课［M］.北京：中华工商联合出版社，2015.

［2］王宛玉.中国传统文化的现代化发展［J］.文学教育（下），2018（6）：36-37.

［3］朱永新.在青少年心中播下传统文化的种子［N］.人民日报，2021-04-15.

［4］于春哉.中华优秀传统文化融入班级管理的有效策略［J］.现代职业教育，2020（12）：18-19.

故事国学在小学教育教学中的实践

深圳市宝安区灵芝小学　林 苒

国学的意义不只停留在古代，更作用于现代。古往今来，每一个人都活在现在，没有一个人只活在古代，因此，国学应该是一个动词，在孔子、老子时期它是源头，它是不断地随着当下的发展、不断地纳千流、不断地自我更新成为一条全新河流的。如今我们需要重新解释国学并将其进行创造性的转化，以便适应当今时代。然而，国学教育一直以来都有不同的方法，或读或咏，或背或诵，很多时候会让致力于国学教育的有志之士无从入手。

一个故事引发的感悟

某年暑假，我与女儿前往印度尼西亚游玩，当我们脱离人部队坐在自己包下的车里时，第一个进入眼帘的竟然是一个孔子像。我当时非常惊奇，问那位操着一口不大标准的中文的华人导游："为什么会挂孔子像？"他非常艰难地跟我解释说，这是另一位游客送给他的，听说可以保佑他生意兴隆。我忍不住笑起来，他见状忙问我为什么笑。我说："孔子确实能教化人，但他只能教化人心，却不能保佑你生意兴隆。如果你确实想要自己生意兴隆，可以挂他徒弟的头像，他的徒弟名为子贡。"我的女儿在一旁听着甚是好奇，我于是紧接着说："子贡原名端木赐，子贡是他的字。子贡在孔门十哲中以言语闻名，利口巧辞，善于雄辩，且有干济才，办事通达，深谙经商之道，曾经经商于曹国、鲁国之间，富至千金，为孔子弟子中的首富。'端木遗风'就是指子贡遗留下来的诚信经商的风气，他也成为汉族民间信奉的财神。后来，商家常用'陶朱事业，端木遗风'来形容自己的生意。"看着女儿闪亮的眼睛，我突然想起了一个词：文化自觉。

"文化自觉"一词是费孝通老先生首先提出来的，他认为："文化自觉是每日生活在一定文化中的人对其文化有自知之明，并对其来历、形成过程、所具有的特色和发展趋势有充分的认识。"在这个基础上，文化自觉也可以解释为在一定文化背景中的主体对其文化的自我觉醒、自我反省和自我创建。

作为教师的我，在想起"文化自觉"这个词的时候，内心便激起了一股小小的浪潮，那就是文化的自我觉醒、自我反省与自我创建。我认为我应该为此做些什么。

两个故事获得的成功

如何才能更好地对孩子进行国学教育，并达到知行合一的效果呢？当这个疑惑进入脑海时，学生之间的一个纠纷让我收获了第一个故事国学的实践成果。

那天下午放学后，一个六年级的孩子告诉我他们班上有孩子在打架。当我走到教室门口时，瞬间哭笑不得：两个孩子手里拿着扫把怒视着对方。我说："你们俩拿着扫把站好了，我今天特别想讲一个关于扫把的故事。"紧接着，我把《拥彗先驱》的故事讲给他们听："你瞧，你们手中的扫把如果换一种材料，用桃枝做成，那就成为汉朝礼仪的最高接待方式了，而你们今天却把这个高尚的礼器贬低为打架工具，真是可惜。"冷静下来的两个孩子在听故事的时候，眼睛里闪烁着光芒：他们没想到德育主任不但没有批评他们，还跟他们讲故事。我讲完故事后说："我不会批评你们，因为你们不知道这个国学知识。我相信其他同学也不知道，现在我希望你们俩把这个故事传扬出去，这就是对你们的惩罚。"接着，我半开玩笑地说："如果下次我能受到你们这么高规格的接待，那我就心满意足了。"

第二天，当我去上课的时候，两个孩子鬼鬼祟祟地站在门口张望。当我走进教室时，全班同学立即大声喊道："欢迎林老师来上课！"而两个孩子站在门口，肩上扛着脏兮兮的扫把。那一刹那，我知道故事国学起作用了。

2012年，我受深圳市侨办的委派，以"华文教育志愿者"的身份前往马来西亚沙巴州亚庇参加"中华文化大乐园"活动，主要是在夏令营里为来自亚庇九所中学的初高中生讲授国学。当我踏入教室的时候，教室里响起了"哼哼哈嘿，快使用双截棍"的歌声——当时周杰伦的《双截棍》在华人世界风靡一时。我愣住了，从来没想过孩子们会以这样的方式迎接我的到来。唱完后，我问他们为什么要唱这首歌曲。他们说：老师，我们不想让国学课上得像老夫子那样，我们想要上成《双截棍》那么时尚。我笑了，灵机一动，问他们："你们知道双截棍是谁发明的吗？"有人说是周杰伦，有人马上反驳说不对不对，是李小龙，有人竟然说是成龙。我说："都错了。双截棍是一个皇帝发明的！"同学们一下子安静下来，我说："宋太祖赵匡胤是一位武功高强的人，当时他创造的双截棍并不叫这个名字，而叫'大小盘龙棍'。""老师，为什么是盘龙？"我顺势而为，为他们上了人生当中第一节中华国学课"丢失了的龙文化"。

此后的四年里，我每年都会受到马来西亚沙巴州华文教育学会的邀请，前往亚庇进行国学交流，以故事国学为指引，在潜移默化中使学生闻香识玉，进而引导华人青少年向美好的道路进发，达到清明的境界。

数个故事进行的实践

国学教育发展到今天，不仅是一种外在的形式，更应该是内化的，是天地精华与着意磨砺融会贯通，是国学教育者在国学的大书院中你讲一场我讲一场，使国学这皇皇大典实现在"不经意处能经意，不自觉时能自觉"的自我内化功能。应该说，这是一种素质的、文明的、和谐的教育方式，它不同于应试教育方式，却丰富了惯性思维的教育方式。通过故事国学的实践，中华民族五千年的文化得以在孩子们心中形成概念，继而得到传承。

故事国学现场会。为了让"故事国学"落到实处，我开设了"故事国学现场会"特色项目。故事国学现场会以传统节日为契机，故事国学为主线，养正启智为目标，开展以"讲述古代故事，传承古代美德"为主题的传统节日文化系列故事国学现场会活动。如"追寻古代之美，展示现代风采"的三八妇女节活动、"中秋穿越"喜乐会、"九九重阳践行孝道"大型国学活动、"端午节中华游"现场会、"清明节"现场会等活动。

学校举办"九九重阳践行孝道"国学现场会时，邀请了家长与孩子一起参加。

一位身穿汉服的家长在活动现场兴致勃勃地说："这个活动非常好，各种古装让孩子对国学教育有了实践体验，活动中的敬老爱老活动更让国学落到实处。孩子非常喜欢，甚至跑来跟我说，自己在家里也要举办这样的活动。"

故事国学国际化。2011年7月，我参加了深圳市侨办举办的"华文教育"海外系列活动，第一次进入马来西亚沙巴州传授故事国学。当我上完第一节课"走进《三字经》里学做人"后，接受了沙巴州《华文日报》记者的采访。记者结束采访后，关闭了采访笔和录像机，然后慎重地问了我一个问题："林老师，按照您的说法，中华文化源远流长，中国是古老的文明礼仪之邦，但为什么中国游客在世界各国的形象并不好呢？"她说得很委婉，但我早已满脸通红，尴尬不已。自那次后，我便知道：国学教育更应该成为思想品德与文、史、哲相结合的教育。我们可以利用《三字经》《菜根谭》等经典书籍中具有极强道德认知导引功能的语言，让受教育者不仅在"人之初，性本善"中明白与人为善的道理，还可以在"入则孝，出则悌"中练就侍奉父母长辈、友爱兄弟姐妹的功夫；而这些朗朗上口的文字总能一针见血地直达其意，在思想道德以及意志培养上具有独特之处。它有别于"规训式"的概念化、科学化语言，是在尊重中华民族语言的基础上进行多角度反思透视的语言，可以让受教育者自觉地与传统的和当下的社会伦理规范联结成一个不可分割的整体。

当我对故事国学研究了几年后，我认为它不应该只存在于国内，它更应该是全世界华人都传承与掌握的民族瑰宝。2016年六一儿童节，我第四次前往马来西亚沙巴州。那天，我给学生与家长们共同上了一节"行孝，不只说说而已"的国学亲子课。课上孩子和家长泪流满面，课堂氛围一度高涨。第二天，坐在教室后面旁听的家长激动地走了过来，紧紧地抓住我的手说："林老师，孩子昨天回来后，给我写了一封信，说以后要好好孝顺我们。

我当时感动得流下了眼泪……"我也深深地被这位家长触动了。

四年的海外国学教育经验告诉我：当一个故事在孩子心中产生影响时，教育就实现了它的目的，从而变有痕的德育为无痕的德育。故事国学能通过人格化与英雄化的象征物触动受教育者的心灵，让受教育者在反躬自我的思索中，比类自身的生活，实现自我教育的功能，有效地提高他们的道德能力，促使他们在经典故事中进行自主超越，将自我品德的塑造融入道德认知方面。这是一种强大的力量，启发我们要利用传统美德中的教化功能去更新学生观念，建构以学生为本、以建立积极向上的人格为价值导向的教育目标。

故事国学家教。古人特别擅长利用经典故事来教育孩子。在中国第一部家庭教育书籍《颜氏家训》中，颜之推利用无数个历史故事来教颜氏子孙。比如，在《教子第二》中，他列举了正反两个故事来说明教儿要严厉，一个是魏老夫人捶挞著名将领王大司马的故事，另一个是一位学士由于父亲的溺爱最终被周逖抽肠衅鼓的故事。

优秀传统文化注重受教育者精神境界的提升和自我修养的培养，把外在的道德要求和内在的道德需要结合起来，这为德育工作者在道德意志的培养上注入了源源不断的动力。其中的经典著作尊重本民族语言的本质，采用符合中国人思维方式的言说方式，更适合习惯于汉语语境的未成年人以及一直接受儒家纲常伦理教育的家长。几千年文明历史塑造而成的语言，简单明了地赋予受教育者德行发展的自主性与自为性，让其直接走向诗一般的生活和意境。

比如，《后汉书·梁鸿传》里的"举案齐眉"、《世说新语》中谢安的"言传身教"都说明"要做合格的家长"；可以用《世说新语》中的"少时了了，大未必佳"来灵活巧妙地处理孩子与同伴间的纠纷；当孩子做错事情时，可以利用《晋书·周处传》中的"周处除害"来教育孩子；当孩子在学习上有放松迹象时，可以用《西塘集耆旧续闻》中的"苏轼抄《汉书》"来鼓励孩子；等等。这些故事既有鲜活的灵魂，又富有教育意义，能够使孩子产生并保持积极的情绪，用健康的心态审视自然、社会、个人及它们之间的关系，积极构筑自己的人生之路，用礼貌、宽容、利他的情怀营造温馨的家

第三章 清音由心生

庭氛围。

因此，在家庭教育中融入故事国学，更利于家长对孩子进行教育。家长们在讲述国学故事时，能让孩子在故事中感悟、在故事中理解、在故事中知事知理知情，让他们在自己最熟悉的形式中塑造品德，做到尽己入德、推己及人，懂得宽恕之道。